El Predicador Cristiano

Cómo prepararse personal y espiritualmente
antes de entregar el sermón

José Reina

ÍNDICE

Introducción

La homilética es un tema sumamente práctico, porque, tiene que ver, con la persona del predicador. Nuestro énfasis no será tanto en la técnica - ya que hay suficientes libros que se pueden consultar. Nuestra tarea es revisar la motivación de nuestro corazón. ¿Qué es lo que te lleva a predicar? ¿Por qué lo haces?

Luego, ¿cuál es el propósito final de la predicación según la Biblia? Y esto es más importante todavía si tenemos en cuenta que la predicación nace en el mismo corazón de Dios. Pablo nos dice, que "agradó a Dios salvar a los creyentes por la locura de la predicación."

Así que, en primer lugar, el énfasis estará puesto en la persona portadora del mensaje, más bien que en el mensaje mismo. Sin embargo, al ir finalizando este estudio nos detendremos también en los elementos que conforman el bosquejo de un sermón. A su vez, también veremos algunas pautas que se deben seguir para buscar un tema y luego desarrollarlo.

La palabra 'homilética' deriva de la palabra griega 'homilía', que significa "explicación o discurso dirigido al pueblo sobre materias de religión". (Diccionario Kapelusz)

De esta palabra deriva nuestra palabra homilética en español que trata 'del arte o ciencia de predicar' abarcando la estructura de los discursos cristianos, su preparación y exposición

1

Lo que el predicador es
según la Biblia

1. Es un administrador

"Téngannos los hombres como servidores de Cristo y administradores de los misterios de Dios. Ahora bien, se requiere de los administradores que cada uno sea hallado fiel". (1 Corintios 4:1,2).

Esta ilustración, era claramente entendible en la antigüedad, en que las grandes familias ricas, tenían un administrador. Por ejemplo, José en Egipto era administrador de la casa donde trabajaba, sobre todo lo que implicaba llevar adelante la casa y aún de atender a los huéspedes. Génesis 39:4 y 6 relata que Potifar...*"le hizo mayordomo de su casa y entregó en su poder todo lo que tenía...y con él no se preocupaba de cosa alguna sino del pan que comía."*

Durante el reinado de Ezequías el administrador se llamaba Sebna, (Isaías 22:15), quien es sucedido por Eliaquim, hijo de Hilcías. Dios le dijo a Sebna: *"Y lo vestiré de tus vestiduras y lo ceñiré de tu talabarte. Y entregaré en sus manos tu potestad; y será padre al morador de Jerusalén y a la casa de Judá. Y pondré la llave de la casa de David sobre su hombro...",* (Isaías 22:21,22). Esta ilustración, nos presenta al administrador como un hombre con autoridad dentro de la casa, que ejercía una supervisión paternal sobre sus miembros y que el símbolo de su cargo era una llave, indicadora, indudablemente de los almacenes donde se guardaban los bienes.

Paralelamente también tenemos algunos ejemplos en el Nuevo Testamento. Herodes Antipas tenía un administrador en la corte, un hombre llamado Chuza, cuya esposa, Juana, era discípula de Jesús y *"le servía de sus bienes. "* (Lucas 8:3).

Además, muchas de las parábolas de Jesús están situadas en casas grandes, en la que el administrador ocupa un lugar destacado y de responsabilidad - por ejemplo, en la parábola de los obreros de la viña y del mayordomo infiel.

Con esto en mente, veamos lo que la palabra griega "oikonomos" nos describe, según el Diccionario de Grimm y Thayer: "administrador de una casa o de los asuntos de una casa; especialmente mayordomo, administrador, director, superintendente... a quien el señor de la casa o propietario ha confiado la administración de sus asuntos, el control de los ingresos y los gastos, y el deber de distribuir la parte correspondiente a todos los siervos e incluso a los hijos que todavía son menores de edad."

Ese administrador podía ser libre o esclavo, pero de todas formas ocupaba una posición de responsabilidad entre el dueño y su familia.

En nuestro caso, el padre de familia es Dios. La familia es la iglesia y cada uno de nosotros somos los administradores a quienes se nos ha confiado distintos 'bienes', no para nuestro propio beneficio sino para bendición de toda la familia de Dios. ¡Qué grande la misericordia de Dios! Él tiene confianza en nosotros y nos coloca como administradores en su Reino. ¿Somos conscientes de nuestra posición? Si decimos que sí, debemos también serlo de nuestra responsabilidad. Porque ustedes saben que todo administrador debe rendir cuentas.

Bien lo ilustran las parábolas de los talentos y de las minas, la responsabilidad del cristiano de mejorar y hacer uso de las oportunidades y dones que Jesucristo le ha dado. (Mateo 25:14-30; Lucas 19:12-28).

El administrador no debe ser egoísta guardando ni tampoco malgastando los bienes que su maestro le ha confiado. Tiene que usarlos para la familia. Pedro afirma que cada uno de nosotros somos *"administradores de la multiforme (literalmente "abigarrada" o "multicolor") gracia de Dios."* (1 Pedro 4:10). Aclarando que "cada uno" debe usar sus dones "para los otros".

El ministerio cristiano es una administración sagrada. Pablo llama a Tito un pastor y líder de la iglesia "administrador de Dios". (Tito 1:7). Pablo mismo se consideraba junto con Apolos *"administradores de los misterios de Dios."* (1 Corintios 4:1).

'Administrador', entonces, es un título descriptivo de todos aquellos que tienen el privilegio de predicar la Palabra de Dios, particularmente en el ministerio.

A los bienes que administra el predicador cristiano se los denomina los "misterios de Dios."

"Mysterion" en el Nuevo Testamento, no es un enigma oscuro e indescifrable, sino una verdad que se ha dado a conocer, que solamente puede hacerse accesible porque Dios la ha manifestado; que hasta aquí ha estado oculta, pero que ahora ha sido revelada y en la que Dios ha iniciado a los hombres. Así que, "los misterios de Dios" son sus secretos, la suma total de la revelación que Él ha dado de sí mismo y que está contenida ahora en las Escrituras.

De estos "misterios" revelados, el predicador cristiano es el administrador, el encargado de darlos a conocer a la familia.

Características:

a) La motivación del predicador

La motivación comienza en el corazón; y tiene que ver con el incentivo. Predicar es un trabajo duro en todo sentido. El que lo hace con regularidad se encuentra muchas veces sumido en el pantano del desaliento. ¿En dónde encontrar fortaleza en la debilidad?

Pablo tenía el secreto. Era un mayordomo de los misterios de Dios, *"un depositario de los secretos de Dios."* (1 Corintios 4:1, Phillips).

El evangelio era el depósito sagrado que le había sido confiado por Dios mismo, era una carga en su corazón al punto que exclamaba: *"la comisión me ha sido encomendada",* (oikonomia, mayordomía, 1 Corintios 9:17). Y otra vez: *"Me es impuesta necesidad; y, ¡ay de mi si no os anunciare el evangelio!"* (1 Corintios 9:16), y en Romanos 1:14: *"Soy deudor"* de predicar el evangelio.

La vocación del predicador nace en su corazón el día que Cristo perdona sus pecados, corre por su sangre y golpetea en su corazón hecha mensaje clamando por expresar al mundo el amor redentor de Jesucristo.

En primer lugar, el predicador es un pecador rescatado, ha visto su miseria y ha clamado misericordia hasta recibir la revelación de Jesucristo: *"el Cordero de Dios que quita el pecado del mundo."*

Sólo quien ha recibido misericordia está capacitado para dar misericordia. Dios no necesita fariseos predicadores que proclamen la letra muerta de la Ley, necesita pecadores perdonados con corazones llenos de compasión que miren a este mundo *"como ovejas que no tienen pastor".*

b) El contenido de su mensaje

Como buen administrador, el predicador cristiano no elabora su propio mensaje, sino que es provisto del mismo por el Padre de familia. Su tarea es proclamar un mensaje que le ha sido "dado"; así lo señala el Nuevo Testamento en una variedad de ejemplos. El predicador es el sembrador de la semilla y la semilla es la Palabra de Dios. (Lucas 8:11).

Aquí debemos recalcar la fidelidad del administrador. San Pablo recomienda seriamente a Timoteo acerca de la responsabilidad de *"guardar el depósito"*. Le había sido confiado un mensaje precioso: debía vigilarlo de la misma manera que los centinelas cuidan la ciudad. (1 Timoteo 1:11; 6:20; 2 Timoteo 1:12-14).

El buen administrador, no se atreverá a *"adulterar la Palabra de Dios"* (2 Corintios 4:2), ni a corromperla (2 Corintios 2:l7), como muchos charlatanes lo hacían ya en la época de Pablo y lo hacen también hoy.

Si de algo debemos tener temor delante de Dios es de tergiversar su Palabra. El propósito de nuestra predicación debe ser claramente establecido; en palabras de Pablo en 2 Corintios 4:2 debe perseguir *"la manifestación de la verdad"* (otra versión dice: *"la manifestación abierta de la verdad"*).

Podemos en nuestros sermones usar todo tipo de ilustraciones que traigan mayor luz sobre el concepto bíblico. Pero no nos equivoquemos, el púlpito no es lugar apropiado para comentarios políticos o debates sociales.

Nuestro deber es predicar la Palabra de Dios y nada más. (Colosenses 1:25). Tal como lo hizo Pablo y los apóstoles. *"Porque no he rehuido anunciaros todo el consejo de Dios"*, (Hechos 20:27).

Dice John Stott:

"¡Qué pocos predicadores podrían tener la misma pretensión! La mayoría de nosotros cabalgamos mortalmente sobre unos pocos caballos favoritos. Seleccionamos cuidadosamente las Escrituras, eligiendo las doctrinas que nos agradan y pasando por alto las que nos disgustan o encontramos difíciles. De esta manera somos culpables de negar a la familia algunas de las provisiones que el Padre divino ha provisto para ellos en su sabia generosidad.

Algunos no solamente quitan de la Escritura, sino que añaden, mientras que otros se atreven incluso a contradecir lo que está escrito en la Palabra de Dios."

Tenemos que hacer un alto hasta aquí, y reflexionar, de cuán necesitada está la familia de Dios, el cuerpo entero de Cristo, de orar fervientemente que Dios levante en nuestro medio administradores fieles que nos alimenten sistemáticamente de la Palabra de Dios completa, no sólo el Nuevo Testamento sino también el Antiguo; no sólo los textos más familiares, sino también los menos conocidos. Como escribe acertadamente un autor:

"Únicamente una exposición...fiel de la Palabra de Dios nos librará a nosotros y a nuestras congregaciones de los pequeños antojos y caprichos (sean nuestros o suyos) y de una extravagancia y un fanatismo más serios" (ver Deuteronomio 29:29).

Cuánto más necesita la Iglesia que cada miembro

sea un obrero instruido en la Palabra, y no que sean como "niños fluctuantes y llevados por doquiera de todo viento de doctrina." (Efesios 4:14) Este crecimiento les enseñará a discernir y resistir a tanta herejía modernista.

Nada puede producir este feliz estado de cosas (en el seno de la Iglesia) excepto la predicación consistente, sistemática y didáctica de toda la Palabra de Dios."

Los pastores, predicadores y maestros debemos tomar consciencia que una obra tan magna no es posible sin una preparación cuidadosa de nuestros sermones con varios meses de anticipación.

Predicar significa un trabajo intenso de estudio y oración. Es un ejercicio de autoexamen en el que vamos revisando el alcance de nuestra enseñanza, para cuidar de no pasar por alto temas que son vitales para la congregación.

Una manera práctica de no pasar nada por alto, es hacer predicaciones expositivas sobre libros completos de la Biblia, o capítulos enteros. Nunca pensemos que el oyente no podrá soportar un estudio profundo de las Escrituras.

Me gustan estas palabras de Richard Baxter:

"Si desearais conocer a Dios y las cosas celestiales tanto como el modo de trabajar en vuestro oficio, os habríais aplicado a ello antes y no habríais escatimado esfuerzos hasta alcanzarlos. Siete años os parecen pocos para aprender vuestro oficio y no queréis dedicar un día entre siete al aprendizaje diligente de lo que concierne a vuestra salvación."

c) La fidelidad del predicador como administrador

Nos referimos a la fidelidad del administrador no hacia el dueño (Dios) sino ante su familia (la iglesia).

"¿Quién es el mayordomo fiel y prudente al cual su señor pondrá sobre su casa para que a tiempo les de su ración?" (Lucas 12:42).

La sabiduría y capacidad del administrador se verán en el equilibrio de la dieta que dé a los de su casa. El administrador inteligente varía la dieta que ha de dar a su familia porque *"aunque toda Escritura es útil"* (2 Timoteo 3:16) no toda se aplica para lo mismo. Averigua sus necesidades y se vale de su discreción para proveerles de comida adecuada. No es su parte llenar la despensa. Eso lo hace el padre de familia. El sólo debe administrar adecuadamente.

Así también el predicador no sólo debe conocer la Palabra de Dios, también debe conocer a los que le escuchan. No falsificará la Palabra de Dios para hacerla más llamativa, pero intentará presentarla de manera agradable. Por sobre todo, lo presentará de manera sencilla. Nuestra predicación de las Escrituras debe ser simple y directa, tan entendible que cualquiera pueda entenderla, por ejemplo que un auditorio compuesto de distintas edades todos puedan seguir el hilo del sermón.

Como la calzada de los redimidos de Isaías: *"aún los torpes no se extraviarán por ella"* (35:8). Ello requiere mucha preparación y estudio. El predicador cristiano es el puente entre la Palabra de Dios y la mente del hombre.

No hay mejor cosa que predicar con sencillez. Con un vocabulario sencillo. No con palabras teológicas que no son de uso común.

Sí algo debemos aprender es a predicar con el corazón. Si después de estudiar y orar intensamente sobre un sermón te sientes trabado ¡olvida los apuntes! Hazlo con el corazón. Lo importante es tener claro el propósito. Piensa en lo que quieres dejar grabado en los oyentes y lo demás te vendrá por añadidura.

Esto no quiere decir que no estudies, ni que no organices tu sermón. Siempre deberás hacerlo. Pero recuerda: Prédica con el corazón.

2) El predicador cristiano es un heraldo

Aquí tenemos en el Nuevo Testamento otra figura que nos ilustra otra faz del predicador y el alcance de su ministerio.

Leamos 1 Corintios 1:21b, 23 y notemos: "*...agradó a Dios salvar a los creyentes por la locura de la predicación...pero nosotros predicamos (keryssomen: proclamamos como heraldos) a Cristo crucificado.*"

San Pablo afirma que mediante esta predicación hecha como heraldos (kerigma), que Dios se complace "*en salvar a los creyentes.*"

En su carta a Timoteo repite dos veces que ha sido "*constituido predicador*" (keryk, heraldo) del evangelio (1

Timoteo 2:7; 2 Timoteo 1:11).

> "Esta predicación del Nuevo Testamento - dice un escritor - no es un discurso formal y teórico, dirigido a un reducido grupo de creyentes convencidos dentro del recinto de la iglesia sino algo más profundo, una proclamación hecha por un Heraldo, por el pregonero de la ciudad, a plena luz del día, al toque de trompeta, de máxima actualidad, dirigida a todos porque viene del Rey mismo. Varios verbos griegos describen esta actividad pública, sobre todo (an ap dikat) aggellein, *"anunciar o declarar"* según lo vemos en Lucas 9:60; y Juan1:1-5."

Así, la idea fundamental de estas palabras es anunciar noticias a personas que no las habían oído antes. Mientras la figura del administrador nos enseña que su tarea es alimentar a la familia de Dios, el heraldo tiene un mensaje, las buenas nuevas, que debe proclamar a todo el mundo.

Como dice un escritor: "somos mayordomos de lo que Dios ha dicho, pero heraldos de lo que Dios ha hecho." El sentimiento más profundo en el corazón de un predicador deben ser los millones de almas que periódicamente pasan a la eternidad sin ser salvos.

El heraldo cristiano es predominantemente un evangelista - su pasión es la salvación de las almas.

Otra característica notable es que el heraldo no se conforma con predicar las buenas nuevas - su proclamación lleva implícita un llamamiento, exige una respuesta de sus oyentes.

Por eso, si vas a predicar, debes tener claro el propósito. Debes diferenciar lo que es una predicación a creyentes, de lo que es una proclama a quienes no conocen a Cristo.

La mayoría de las veces se compartirá un auditorio con creyentes y también con incrédulos, y sabes que debes ministrarles a ambos el mensaje. ¿Cómo hacer para lograrlo? ¿Por dónde empezar? Si has orado y preparado tu sermón con diligencia, no debes tener miedo.

Solamente tienes que saber que tu dependencia del Espíritu Santo será muy, pero muy estrecha. Te conviene en cada oportunidad reconocer tu dependencia de Él. Si tu dependencia del Espíritu Santo es real Él se hará cargo de la situación.

Notemos lo que dice el diccionario para describir un heraldo: "Persona que, en las cortes de la edad media, se ocupaba de transmitir mensajes, ordenar las grandes ceremonias y llevar los registros de la nobleza (sinónimo: rey de armas)". También dice que era "el oficial que anunciaba públicamente un suceso de importancia." Sin embargo, este concepto no está del todo completo.

"En el mundo de Homero" escribe el Dr. Mouce, "el heraldo era un hombre de dignidad y ostentaba una posición notable en la corte real, mientras que en la era post-Homérica...el heraldo servía al estado más que al rey. Su principal tarea, como pregonero, era hacer públicos los edictos oficiales. Era necesario que tuviese una voz potente, en algunas oportunidades usaba una trompeta.

Además, era esencial que el heraldo fuese un

hombre de notable dominio propio. Debía recitar la proclamación tal como la había recibido. Como de la boca de su Señor - no se atrevía a añadir su propia interpretación."

Algunos de estos heraldos los tenemos descriptos en la Biblia, por ejemplo los que precedieron la carroza de José por orden de Faraón y que gritaban delante de él: "¡Doblad la rodilla!" (Génesis 41:43). En el caso de Mardoqueo cuando "lo condujeron a caballo por la plaza de la ciudad" (Ester 6:9-11) y otros ejemplos para leer en Daniel 3:1-5; 2 Crónicas 30:1-10.

Juan el Bautista cumplió este ministerio de heraldo de una manera clara. El evangelio de Marcos lo llama el *"mensajero"* de Dios, enviado a preparar el camino delante de Él. (Malaquías 3:1 y Marcos 1:2) Fue el precursor del Mesías, que llamaba a la gente al arrepentimiento, para preparar el camino del Señor.

Juan el Bautista tenía claro cuál era el propósito de su predicación. Si has pensado predicar deberías tener claro, como Juan el Bautista, el propósito de tu predicación que también deberá ser el tuyo: llamar a los hombres al arrepentimiento.

Jesús caminaba las calles de Palestina proclamando que, con su venida, el mensaje del Bautista se estaba cumpliendo. *"Y recorrió Jesús toda Galilea, enseñando en las sinagogas de ellos y predicando (kerysson, proclamando) el evangelio del Reino."* Mateo 4:23.

Y esta misma tarea nos encargó a sus seguidores; las palabras que usa son siempre las que ilustran la acción del heraldo, su proclama, el anuncio de su mensaje. *"Y yendo, predicad, (keryssete) diciendo: El Reino de los cielos se ha acercado."* Mateo 10:7.

Después de su resurrección dio a la iglesia la comisión universal: *"que se predicara (kerychtenai) en su nombre el arrepentimiento y el perdón de pecados en todas las naciones..."* Lucas 24:47.

3) El predicador cristiano es un líder

Seguramente ya habrán oído la tan conocida frase: 'un líder no nace, se hace'. Pues, les aseguro que esta es una gran verdad, corroborada tanto por la historia pasada de la iglesia, como de la contemporánea. Hay un libro también con ese título. Y puede ser muy recomendable leerlo.

Sin embargo, en nuestro caso haremos algunos planteamientos personales, pues de nada sirve tomar lo que otros nos dan en bandeja, sino solamente, cuando usamos esa información para crear en nosotros, una verdadera inquietud, que nos lleve a descubrir, por estudio propio, lo que nos será de mayor provecho, una respuesta adecuada para la pregunta: ¿Que es un líder según lo califica Dios?

En este caso el diccionario sólo nos ayudará a emplear correctamente el término, pero no nos ayudará en cuanto al carácter moral y espiritual que debe tener el líder. Gracias a Dios que para eso tenemos el mejor manual: la Biblia.

La definición de la palabra 'líder' según el Diccionario Kapelusz es la siguiente: "Jefe o conductor de un partido político o de un grupo social. El que va a la cabeza de una competición deportiva."

Decimos, entonces, que un predicador es líder porque con su enseñanza influencia a otros. Sus palabras, o mejor dicho su mensaje, harán la diferencia en el destino eterno del alma de sus oyentes. Por ello, es importante destacar, que un obrero cristiano no es líder por su elección, ni por quién lo haya nombrado. Sólo Dios puede hacer un líder. Sólo tener una posición de importancia no hace a nadie un líder. Dios trabajará con ese hombre día a día, año tras año hasta que lo forme.

Sólo el Espíritu Santo sabe cuándo Dios nos considera aptos. Cuando el ojo de Dios encuentra a ese hombre - como pasó con Pablo - lo unge con Su Espíritu y lo separa para un ministerio claramente definido. (Hechos 9:17; 22:21).

Nuestra tarea es permanecer humildes, consagrados y preparándonos para el tiempo de Dios.

Y aunque no podamos desarrollar demasiado este tema por el corto tiempo, resultará valioso citar aquí las palabras de quien fuera uno de los más grandes líderes del Ejército de Salvación, Samuel L. Brengle - son palabras desafiantes - pero que nos harán recapacitar profundamente, antes de desear pisar el estrado de un púlpito o liderar al pueblo de Dios. Él dijo que el liderazgo...

"...no se consigue por promoción, sino por medio de muchas oraciones y lágrimas. Se logra por medio de la confesión de pecado, y el mucho escrutarse el corazón y humillarse ante Dios; por medio de una entrega completa de uno mismo y un decidido sacrificio de cada ídolo; el abrazar la cruz de forma clara, audaz, completa, inflexible y sin lamentarse; y por una eterna y decidida mirada hacia Jesús crucificado. Esto no se gana por la búsqueda de grandes cosas para nosotros mismos, sino más bien como Pablo, por considerar esas cosas que son ganancia para nosotros como pérdida por Cristo. Es un gran precio, pero de forma firme, y el resultado tiene que ser pagado, por quien desea ser un líder no meramente nominal, sino un auténtico líder espiritual de hombres cuyo poder es reconocido y sentido en el cielo, en la tierra y en el infierno".

Esta descripción nos hace temblar de impotencia. ¿Vemos hoy líderes y predicadores con estas características?

Creo que hoy en día la iglesia gime hacia el cielo con las palabras de esta poesía por George Lidell:

Dame un hombre de Dios, un hombre
Cuya fe sea la que dirija su mente
Y enderezaré todos los errores
Y bendeciré el nombre de toda la humanidad.
Dame un hombre de Dios, un hombre
Cuya lengua esté ungida con fuego del cielo,
y haré arder oscuros corazones
Con gran resolución y limpio deseo.
Dame un hombre de Dios, un hombre
Un poderoso profeta del Señor,
Y yo traeré paz sobre la tierra,
Conseguida con oración y no con espada.
Dame un hombre de Dios, un hombre

Cuya visión sea verdadera
Y yo reconstruiré vuestras ruinosas capillas
Y traeré las naciones a sus rodillas. "

Tanto la historia de Israel, como la de la iglesia de Cristo, nos muestran que cuando Dios halla a un hombre que se ajusta a su carácter espiritual, y que paga gustosamente el precio del discipulado, Él lo usa hasta el máximo, aún a pesar de sus limitaciones y defectos.

También hay una variedad de ejemplos: Moisés, Gedeón, David, Martín Lutero, Juan Wesley, Adoniram Judson, Guillermo Carey y tantos otros. Por ser la iglesia una institución sobrenatural en su naturaleza, sus ministros deben sobresalir como ejemplo de espiritualidad.

Volviendo a la a pregunta del principio: ¿Qué es un líder según lo califica Dios? Responderemos específicamente con la Escritura. No es otra que: *"un varón conforme a su corazón."* (1 Samuel 13:14).

Dios ve el corazón, porque según su estado de consagración, reflejará las cualidades que habilitan al líder para su predicación.

Las tres cualidades básicas del predicador

1. Debe tener autoridad.

Eso sólo es posible si él mismo tiene una profunda experiencia con el Espíritu Santo. Por otra parte, a la gente le agrada ser guiada por alguien que sabe adónde va y que les inspira confianza.

Podríamos decir muchas cosas sobre la autoridad, pero lo

cierto, es que la autoridad sólo existe, cuando Dios respalda nuestra palabra. ¿Cómo se consigue, entonces?

De rodillas, y sólo de rodillas, vaciando nuestro corazón en Su presencia para que Él lo llene. No hay autoridad si no estamos pegados al corazón de Dios - al punto de sentir cada latido de Su voluntad, por eso podemos decir que tu primer y mejor estudio es y debe ser la oración. Martín Lutero lo sabía por experiencia, y dijo: "Haber orado bien es haber estudiado bien." Y este consejo deberíamos recordarlo con frecuencia. Especialmente si queremos que la unción del Espíritu Santo esté sobre nosotros.

Charles H. Spurgeon dijo:

> "Cuando vuestro texto viene como señal de que Dios ha aceptado vuestra oración, será precioso para vosotros, y tendrá un sabor y una unción enteramente desconocidos al orador formal, para quien un tema es igual a otro."

Autoridad es igual a intimidad. Dios no autoriza ni respalda a desconocidos. ¿Cuánto te conoce Dios por habitar en Su presencia? De tu respuesta depende la autoridad que tendrás.

2. Debe ser espiritual.

No significa "santulón", ni "fachero" religioso, que es lo mismo que decir hipócrita, palabra que describía muy bien a los fariseos.

Ustedes saben que muchas veces, se confunde la capacidad natural de un individuo, con un don espiritual. Pero nunca esta capacidad intelectual, fuerza de voluntad y entusiasmo - aunque sean de mucha importancia -

nunca pueden reemplazar al hombre que ha muerto a sí mismo - aquel que ya no vive para sí, sino para Cristo, un hombre a quien Dios le encuentra en condiciones para ser ungido por su Espíritu Santo.

La iglesia siempre ha prosperado con mayor ímpetu cuando ha sido bendecida con líderes espirituales y fuertes, que esperaban y experimentaban de manera palpable lo sobrenatural en Su servicio.

C.H. Spurgeon en su libro 'Discurso a mis Estudiantes' nos dice que:

> "La primera señal del llamamiento celestial, es un deseo intenso de emprender esa obra. Para que sea verdadera la vocación al ministerio, debe sentirse una sed irresistible, abrumadora, insaciable de comunicar a los demás lo que Dios ha hecho en bien de nuestras almas; lo que yo llamaría una especie de comezón, tal como la que tienen las aves por criar a sus polluelos cuando llega la estación, tiempo en que la madre antes moriría que abandonar su nido.

> Se decía de Alleine, por uno que lo conocía íntimamente, que "sentía un hambre infinita e insaciable por la conversión de las almas". Cuando pudo haber disfrutado una beca en la universidad, prefirió una capellanía porque "estaba movido por una impaciencia irreprimible de que se le ocupara directamente en el trabajo ministerial."

> "No entréis en el ministerio si podéis evitarlo" fue el consejo profundamente sabio que dio cierto

teólogo a quien le consultaba su opinión. "Si algún estudiante de entre los que leen esto, pudiese darse por satisfecho con ser editor de un periódico, comerciante, agricultor, doctor, abogado, senador o rey, que siga su camino: no es el hombre en quien mora el Espíritu de Dios en plenitud; porque aquel que estuviera lleno de Dios, sentiría suma repugnancia por todo lo que fuera aquello por lo cual suspira en lo íntimo de su alma. Si por el contrario podéis decir que ni por todas las riquezas de ambas Indias, consentiríais ni osaríais optar por empleo alguno que no fuera el de consagraros a la predicación del evangelio de Jesucristo; en ese caso, descansad en ello, si en lo demás obtenéis resultados igualmente satisfactorios pues tendréis las señales requeridas por este apostolado."

Debemos sentirnos llenos de inquietud si no predicamos el evangelio. La Palabra de Dios debe ser en nosotros como fuego en nuestros huesos, de lo contrario, si emprendemos los trabajos ministeriales, seremos desdichados al ocuparnos en ellos.

Careceremos de aptitud para armarnos de la abnegación que debe acompañarnos y serán de poca utilidad para aquellos entre quienes trabajemos. Hablo de abnegación y bien puedo hacerlo, porque la obra del verdadero pastor está llena de ella, y sin amor a su vocación pronto sucumbirá, o dejará por penosas las tareas que se ha impuesto; o las proseguirá con disgusto, abrumado por una monotonía tan cansadora como la del caballo ciego que tira de la rueda de un molino.

C. H. Spurgeon escribe:

"Hay un consuelo en la fuerza del amor; y éste haría soportable una cosa que de otra manera, destrozaría el corazón. Ceñidos de ese amor, seréis intrépidos...Este deseo debe ser meditado. No basta que sea un impulso repentino que no vaya acompañado de una ansiosa consideración. Es preciso que sea el fruto de nuestro corazón en sus mejores momentos, el objeto de nuestras reverentes aspiraciones, el sujeto de nuestras más fervorosas oraciones. Debe persistir en nosotros aun cuando ofertas tentadoras de riquezas y comodidades vengan a ponerse en conflicto con él y permanecer con una resolución tomada con calma y con la cabeza despejada, después que todo haya sido estimado en su justo valor y calculado concienzudamente su costo.

Cuando siendo yo niño vivía en el campo en la casa de mi abuelo, vi una partida de cazadores vestidos de casacas coloradas, corriendo a caballo a través de los campos en persecución de un zorro. Mi corazón infantil se entusiasmó y me sentí dispuesto a seguir tras los sabuesos saltando setos y zanjas. Siempre he sentido una inclinación natural por esa clase de ejercicios y cuando de muchacho se me preguntaba lo que yo quería ser, generalmente contestaba que iba a ser cazador. ¡Hermosa profesión, yo creía!

Muchos jóvenes tienen, de ser pastores de almas, la misma idea que yo tenía de ser cazador. Los anima un pensamiento meramente pueril de que les agradaría la casaca roja y el silbato de cuerno, es decir, los honores, los respetos, las comodidades y son probablemente bastante necios, para pensar también en las riquezas del ministerio.

La fascinación que ejerce el cargo de predicador en los espíritus débiles es muy grande y por lo mismo exhorto encarecidamente a todos los jóvenes a que no confundan un capricho con la inspiración, y un antojo pueril con el llamamiento del Espíritu Santo."

Creo que con esto es suficiente material de estudio para que entendamos por qué una cualidad esencial del predicador debe ser su espiritualidad. Su vocación nace en el corazón. Brota del amor del Espíritu Santo por las almas que se pierden.

Samuel Brengle escribió:

"El poder espiritual es el derramamiento de la vida espiritual y, como toda vida, es de Dios, desde el musgo sobre la pared hasta el arcángel ante el trono. Por eso los que desean el liderazgo deben pagar el precio y buscarlo de Dios."

3. Debe ser sacrificado.

Si el modelo de vida sobre el cual vamos a predicar y enseñar es de uno que dio su vida por amor, será una contradicción que el predicador sea un mero orador.

Debemos seguir el ejemplo que nos ha dejado el Maestro.

La vida del predicador es, muchas veces orar mucho, predicar constantemente. En ocasiones nos sorprenderá la madrugada, buscando una palabra adecuada para el pueblo de Dios; otras serán motivos de oración por conflictos espirituales.

Lo que quiero decir, es que hay un precio que pagar cada día. Nos guste o no, hay una cruz en la cual tenemos que consentir ser clavados.

"Él puso Su vida por nosotros; también nosotros debemos poner nuestras vidas por los hermanos." (1 Juan 3:16).

Antes que predicar debemos estar dispuestos a servir. Porque sólo cuando nos vean hacer lo que predicamos obedecerán nuestra palabra. Si queremos escapar de la cruz, posiblemente perderemos el liderazgo.

"Y cualquiera de vosotros que desee ser el primero será el esclavo de todos. Porque aun el hijo del Hombre no vino para ser servido, sino para servir, y para dar su vida en rescate por muchos." (Marcos 10:44,45).

El predicador debe tener un amor especial por la gente. Debe ser sociable e interesarse por sus necesidades espirituales. Como su Señor, debe mirarles con compasión *"como ovejas que no tienen pastor."* Sólo un corazón sensible que se identifica con el dolor humano puede predicar solicitud.

Si sientes amor por los perdidos, y te duele el corazón el ver a los cautivos del diablo, sólo debes asegurarte de que has recibido la unción del Espíritu Santo. Si es así, predica, en cualquier lugar y a toda hora; predica, porque eso es tu vida.

Por eso también en palabras de Spurgeon:

"Fijaos bien en que el deseo de que os he hablado, debe ser profundamente desinteresado. Si un hombre después de un cuidadoso examen de sí mismo, puede descubrir que tiene un motivo diferente del de la gloria de Dios y el bien de las almas, para optar por el pastorado, haría bien en volverse de él inmediatamente; porque el Señor llevará a mal el ingreso de compradores y vendedores en su templo: la introducción de cualquier cosa mercenaria, aún en el menor grado, será como la mosca en el bote de un ungüento, y todo lo echará a perder."

2

Lo que el predicador cristiano no debe descuidar

1. Su tiempo.

Debemos notar que lo que diremos es aplicable a cualquier cristiano que quiere servir al Señor.

Efesios 5:16, nos advierte: *"aprovechando bien el tiempo, porque los días son malos"*.

De la atención que se ponga a este consejo dependerá el carácter y la vocación de una persona, como también por cómo y con quién pasa su tiempo. Por eso esto es mucho más importante para los jóvenes. Con dolor observamos que vidas jóvenes son inutilizadas a causa de las malas compañías. No supieron apartarse para capitalizar su tiempo en tareas más provechosas que perder el tiempo en las esquinas, bebiendo licor y conversando superficialidades. Todo comienza con el mal uso del tiempo. Lo que a veces creemos que es libertad o pasar un buen tiempo con los amigos, no pasa de ser un mero libertinaje que nos conduce a las puertas de un infierno personal.

Son los hábitos formados en la juventud las que fortalecen o echan a perder una vida. Las horas de ocio constituyen una magnífica oportunidad o un sutil peligro.

Cada momento de vida es un don de Dios y deberíamos aprender a administrarlo.

Se cuenta del gran artista, Miguel Ángel, cuando en ocasión de haber aceptado un trabajo, alguien le dijo: "Esto te puede costar la vida", él respondió: "¿Para qué más es la vida?"

De nosotros depende la productividad de cada día, cada hora y los momentos de nuestras vidas.

El filósofo William James afirmó que:

> "La más grande utilidad de nuestra vida es emplearla en algo que dure más que ella, porque el mérito y la importancia de la vida de uno es evaluado no por su duración sino por su contribución. No es cuánto vivimos, sino cuán bien y plenamente lo hacemos."

Sin embargo, debemos reconocer que a pesar de la importancia y valor del tiempo muchas veces lo malgastamos irresponsablemente.

"Enséñanos de tal modo a contar nuestros días, que

traigamos al corazón sabiduría" (Salmo 90:12).

Así estimaba Moisés la importancia del tiempo, así deberíamos orar nosotros. La mayoría de las veces la frase 'no tengo tiempo' es la excusa de una persona mezquina e ineficiente.

J.E. Joivet dijo:

> "La repetimos tan a menudo que al final nos persuadimos a nosotros mismos a creerlo. No existe el hombre tan sumamente ocupado que no tenga tiempo; tan ajustada y sistemática es la regulación de su tiempo que siempre que les haces un pedido, parecen encontrar unos momentos para ofrecer un servicio desinteresado. Confieso como ministro que los hombres de quienes busco con mayor esperanza un servicio adicional, son los hombres más ocupados."

Aquí vemos que nuestro problema no es que necesitemos más tiempo. Debemos aprender a hacer mejor uso del tiempo que tenemos.

Todos tenemos las mismas 24 horas cada día - el Presidente de la Nación y el mendigo de la calle. Otros pueden tener más dinero, o más habilidades pero no tienen más tiempo que nosotros.

Cuando Pablo insta a los cristianos a "redimir el tiempo" les quiere decir que debemos aprender a administrarlo según las prioridades que son de verdadero valor — actividades productivas o improductivas, dignas o indignas. Y eso dependerá de nuestra sabiduría.

El tiempo puede ser perdido, pero nunca puede ser recuperado. No puede guardarse; debe ser empleado. Ni puede ser postergado. Si no es usado con productividad, es irreparablemente perdido, como estas líneas que fueron grabadas en un antiguo reloj de sol y que dicen:

"La sombra de mi manecilla
Divida el futuro del pasado:
Antes de ella está la hora por nacer
En la oscuridad más allá de tu poder.
Detrás de la manecilla está lo que nunca volverá.
La desaparecida hora que ya no es tuya;
Una única hora en tus manos,
El ahora sobre la cual la sombra está."

Si tal es el valor eterno del tiempo el predicador debe ser cuidadoso en su selección de oportunidades; a veces, como los apóstoles, deberá delegar lo secundario diciendo: *"No es justo que nosotros dejemos la Palabra de Dios para servir a las mesas"* (Hechos 6:12).

No puede malgastar su tiempo en lo que es de importancia secundaria mientras que las cosas más importantes están reclamando su atención. Y ustedes ya saben cuáles son esas tareas, las hemos venido describiendo.

No es cuestión que nos hagamos 'los profesionales' - eso sería nuestra perdición. Es cuestión de prioridades. El día debe ser cuidadosamente planificado. Si queremos superarnos debemos aprender a seleccionar nuestros compromisos y trabajos y también a rechazarlos. ¿Para qué? Para que podamos concentrarnos en aquellas cosas que son de suprema importancia y que hacemos por orden de nuestro Maestro.

Les repito: del uso de nuestro tiempo depende el éxito de nuestro ministerio.

Por ejemplo, después de descansar 8 horas al día, tres horas por las comidas y el tiempo social, diez horas al día durante cinco días para el trabajo y el viaje, aún quedan 35 horas sin compromiso cada semana. ¿Qué hacemos con ellas? ¿En qué las invertimos? ¿Cómo utilizamos el fin de semana libre que mayormente son dos días o día y medio? De cómo se llevan o cómo se emplean estas horas, se verá si un cristiano lleva una vida ordinaria o extraordinaria.

Se dice que la intrépida misionera María Slessor, que luego fue conocida como 'la reina blanca de Okovong', fue la hija de un borracho. Empezó a trabajar en una fábrica en Dundee, Escocia a la edad de 11 años desde las 6 de la mañana hasta las 6 de la tarde. Sin embargo, este trabajo agotador no le impidió educarse a sí misma para su notable carrera.

Hoy encuentro que muchos jóvenes excusan su mediocridad espiritual, aduciendo que no tienen tiempo y que lo ocupan 'todo' con su trabajo y estudio. Y sin embargo quieren 'figurar' en la Iglesia. Yo creo que a Dios le agradaría más ver la Iglesia cerrada que semejantes perezosos de la raza humana ministrando a su pueblo.

Predicar es trabajar, es sacrificio, es estudio y es oración. Es disciplina como ya veremos más adelante.

Un hombre de Dios como fue David Livingstone, trabajaba en una fábrica de algodón en su pueblo de Escocia desde las 6 de la mañana hasta las 8 de la noche. Comenzó cuando tenía 10 años y seguramente lo habríamos disculpado si con voz lastimera y quejumbrosa nos hubiera dicho: "No tengo tiempo para estudiar"...pero él tenía pasta de hijo de Dios, no era cómodo ni perezoso. Anota bien, él utilizaba de tal forma sus horas 'libres' que aprendió latín y podía leer obras complicadas con facilidad antes de los 17 años. Al llegar a los 27 años había luchado para estudiar medicina y además, teología.

Hay millares de ejemplos; nada justifica la mediocridad. Y si no, lee los evangelios, la vida de nuestro amado Señor Jesús. Pasó por la vida con un paso medido, pero nunca demasiado apurado. A los que se llegaban a Él buscando ayuda, les hacía sentir de que en ese momento no tenía otra preocupación que ocuparse de ellos.

Su secreto se encontraba en la confianza que había desarrollado en la comunión con el Padre. Sabía que trabajaba de acuerdo con el plan que el Padre le había trazado para su vida y que contemplaba cada hora, aún los imprevistos que aparecían en su camino.

El mismo les dijo a los discípulos cuando se sintieron preocupados: "¿No tiene el día doce horas?"... queriendo darles a entender su confianza en el plan del Padre para realizar su trabajo.

Esas doce horas del día eran doce horas completas. ¿No era este conocimiento lo que le ayudaba a seleccionar y probar el poder del Señor? Él usaba su tiempo para hacer lo que realmente importaba. No perdía tiempo en las cosas que no eran de vital importancia. El carácter moral se forma y se conserva en fortaleza aprendiendo a rechazar lo que no es importante.

Quiero terminar esta parte con algunas observaciones

muy esenciales.

- Es sumamente importante tener una estimación equilibrada del tiempo. Lo contrario nos hará trabajar bajo una tensión innecesaria.

- No toda petición de ayuda es necesariamente una llamada de Dios. Tu responsabilidad se extiende a los asuntos que están a tu alcance. Una vez realizados, descansa en Su presencia y deja los resultados en Sus manos. Él los cuidará mejor.

- Un aspecto importante: La demora o el aplazar las cosas, es una de las armas más potentes que hoy utiliza Satanás.

- El tomar una decisión y hacer que se lleve a cabo requerirá un esfuerzo moral. Si dejamos pasar el tiempo sucederá lo contrario. La decisión siempre será más difícil de tomar mañana, y qué decir de la acción.

- ¡Hazlo ahora! es un principio que ha llevado a cientos de hombres y mujeres al éxito mundial y es igualmente aplicable en el ámbito espiritual.

- Una cosa que puede ayudarnos es poner fechas topes para leer un libro, preparar un sermón, pasar un día con la familia etc.

2. Su lectura

> "El leer hará a un hombre, completo;
> el hablar, un hombre preparado;
> el escribir, un hombre exacto." (Francis Bacon)

Aunque nos resulte doloroso debemos ver que nuestra generación ha olvidado la lectura. Nuestra era moderna fascinada por la alta tecnología y el avance de la computación que nos presenta toda información 'servida' con sólo oprimir una tecla, ha desvirtuado el valor de la lectura con altos contenido espirituales, que sirven de conocimiento, pero también de sagrada inspiración.

La iglesia debe tener como una de sus metas que la juventud recupere el amor por los libros, y especialmente por el libro por excelencia, fuente de toda sabiduría que es la Santa Biblia.

El consejo de Pablo a Timoteo fue: *"Ocúpate en la lectura"* (1Timoteo 4:13). Y aunque se aplica más a la lectura pública en la iglesia, no deja por ello, de influir en la exhortación, el valor de la lectura privada para la formación de la personalidad de Timoteo.

Es llamativo el pedido que Pablo, desde la cárcel romana, le hace a Timoteo: *"trae cuando vengas...los libros, especialmente los pergaminos"* (II Timoteo 4:13), refiriéndose seguramente a obras muy escogidas por el apóstol como serían por ejemplo, libros de historia judía, comentarios que explican la ley y los profetas, y tal vez algunos de los poetas griegos y romanos de los que Pablo acostumbraba a citar en sus sermones y epístolas.

Lo que más nos conmueve es ver la clara determinación de Pablo que aún ante el fantasma cercano de la muerte, deseaba por sobretodo, pasar sus últimos días en el alto ejercicio de estudiar sus valiosos libros. Estudiar y escribir, razón por la cual hoy disfrutamos de sus escritos, porque él creyó que hasta el último minuto de su vida podía estar dando de lo que había recibido, aunque más no fuera escribiendo. ¿Se habrá imaginado Pablo, que su esfuerzo bendeciría a la iglesia en los siglos posteriores? Difícilmente. Pero aún hoy, la iglesia recibe vida a través de las trece epístolas que él escribió, ungido e inspirado por el Espíritu Santo.

¡Cuánto puede hacer Dios con cada uno de nosotros si estudiamos y leemos con empeño!

J. Oswald Sanders en su libro "Liderazgo Espiritual", nos cuenta una historia paralela acerca de Guillermo Tyndale durante su encarcelamiento y poco antes de su martirio en 1536. El escribió al gobernador pidiéndole que algunos de sus bienes le fuesen enviados:

> "Un gorro más caliente, una vela, un trozo de tela para remendar, los calcetines...pero sobre todo, le ruego y le suplico su clemencia para que apresure al Procurador para que me permita tener mi Biblia en hebreo, mi gramática hebrea y mi diccionario hebreo con la finalidad de que pueda pasar el tiempo estudiándolos."

Continúa diciendo Sanders:

> "El hombre que desea crecer espiritual e intelectualmente estará constantemente estudiando sus libros. El abogado que desea el éxito en su profesión debe estar al corriente de los casos más importantes y de los cambios de la ley. El médico debe seguir constantemente al día de los nuevos descubrimientos en su profesión. De la misma forma, los líderes espirituales deberán llegar a ser expertos en la palabra de Dios y sus principios y saber lo que está pasando en las mentes de aquellos quienes esperan ser guiados por el."

Si al principio decíamos que prácticamente no se lee, sería impropio negar lo que sí se acostumbra a leer. ¿Qué material leemos?

En nuestros días no se acostumbra a leer textos de lectura clásica y espiritual, con contenido sólido. Leer un buen texto también involucra un gran esfuerzo, especialmente cuando no estamos acostumbrados a hacerlo.

Lo mínimo que debe hacer quien no está acostumbrado, es dedicar media hora, a libros que valgan la pena para el desarrollo moral y espiritual; si se es diligente no pasará mucho tiempo, que pronto adquiriremos este nuevo hábito. Es más fácil leer revistas y periódicos porque no requiere esfuerzo mental pero por este camino nunca llegaremos a nada.

Resumamos dos consejos importantes:

1) Aprendamos a seleccionar nuestra lectura. En el presente, a la vez que tenemos acceso a un vasto campo de material cristiano, a su vez, es lamentable la cantidad de material superficial y falto de contenido, que llenan las librerías. No compremos un libro por el dibujo de la tapa o porque nos llame la atención sus bonitos colores. O porque nos prometan 'el oro y el moro' con sus títulos fantásticos, más acordes a la mitología griega que a la fe cristiana. Dejémonos orientar por quienes en la iglesia son nuestros padres y madres espirituales. Poco y bueno es mejor que mucho de malo y superficial.

2) Apartemos cada día 30 minutos como mínimo para la buena lectura. Si la excusa es la falta de tiempo, déjame

decirte que tal excusa no es válida para un líder espiritual.

Se dice que Juan Wesley tenía tal pasión por la lectura que lo hacía mientras cabalgaba hacia distintos lugares para llevar la Palabra. Y eso que cabalgaba por día un promedio de 80 a 145 kms. En su mochila llevaba libros de ciencias, historia, medicina, etc. Y así leyó cientos de volúmenes.

En una ocasión les dijo a los propios pastores de su sociedad misionera que leyeran o dejaran el ministerio.

¿Qué pasaría hoy si este fuera requisito "sine qua non", es decir, obligatorio para todos los que hoy ocupan nuestros púlpitos?

No puedo evitar transcribir aquí las siguientes palabras, tan sabias, del Dr. A. W. Tozer:

> "¿Por qué hoy en día los cristianos encuentran la lectura de los grandes libros difícil y más allá de sus capacidades? Ciertamente los poderes intelectuales no menguan de una generación a otra. Nosotros somos igual de listos e inteligentes como nuestros padres y cualquier pensamiento que ellos eran capaces de entender, nosotros también somos capaces de entenderlo; sobre todo si estamos lo suficientemente interesados en hacer el esfuerzo. El mayor causante de la decadencia que existe en la calidad de la literatura cristiana actual no es intelectual sino espiritual.
>
> Para disfrutar un gran libro religioso se requiere un grado de consagración hacia Dios y separación del mundo - que pocos cristianos modernos tienen hoy. Los libros de los primeros Padres

cristianos, los místicos, los puritanos, no son difíciles de entender, pero ellos habitan en altas esferas, en las montañas, donde el aire es vigorizante y rarificado y ninguno sino él que está enamorado de Dios puede llegar allí...Una razón del por qué la gente es incapaz de entender la gran literatura clásica cristiana es qué están intentando entenderla sin tener intención alguna de obedecerla."

Repasemos algunos motivos por los cuales el predicador cristiano debe leer:

- Para alcanzar un avivamiento personal. Porque sólo aquel en quien fluyen "ríos de agua viva" en su corazón puede trasmitir vida a sus oyentes.

- Para su propio provecho espiritual. Eso hará que aprenda a seleccionar sus lecturas, prefiriendo aquellos autores que "descifran nuestros corazones, retan nuestra conciencia y hacen que intentemos llegar a lo más alto. Esa lectura que nos inspira y nos impulsa debe ser nuestra preferida."

- Para su estímulo mental. Un predicador con pereza mental que no estimula sus capacidades mentales no tendrá nada nuevo ni original. Muy al contrario, será especialista en 'llamar el sueño' a los ojos de sus oyentes.

- Para mejorar y cultivar su estilo de predicar. Por ello es importante seleccionar autores que estimulan nuestra imaginación, aumentan nuestro vocabulario y nos capacitan en el arte de hablar en forma clara y llamativa.

¿Por qué leer entonces? La regla famosa de Francis Bacon era:

> "Lee, no para contradecir o confundir, no para creer o tomar por sentado, no para buscar conversación y discurso, sino para pensar y considerar. Algunos libros son para ser probados, otros para ser tragados y unos pocos para ser masticados y digeridos."

Es importante entender que si nuestro motivo para leer es sólo archivar información en nuestra mente no nos será de mucho provecho. Y aún si lo hacemos para mostrarnos superiores o 'intelectuales'. La motivación debe ser una sola: glorificar a Dios con nuestro conocimiento, ser más útiles, ser más siervos de nuestros hermanos, instrumentos de bendición.

Cuánta falta hacen en nuestro medio hermanos con estas condiciones. Son aquellos que no buscan sobresalir. Sólo buscan aplicar lo aprendido.

¿Qué se debe leer? No se trata de leer todo lo que llega a mano. A veces estamos saturados de libros, boletines, revistas etc. de los círculos evangélicos, y lo mismo si a esto le sumamos la cantidad de material impreso en el mundo secular. Como el predicador debe estar informado en todos los campos, será importante leer solamente lo mejor, escoger siempre lo que nos será más útil para el cumplimiento de nuestra obra.

En otras palabras, nuestra lectura debe escogerse a base de lo que somos, de lo que hacemos o de lo que pensamos hacer.

También es importante leer buenas biografías de hombres y mujeres cuya vida será reveladora para nosotros, tanto sus sueños como sus fracasos y victorias, muchas veces iluminarán nuestro propio sendero, responderán a nuestras inquietudes y nos inspirarán en nuestro servicio.

El predicador y el líder deben ser exigentes consigo mismo. No debe leer solamente lo fácil que lee la mayoría del pueblo, porque estaría a su mismo nivel. No debe, ni puede conformarse con lo que les conforma a ellos.

Así lo aconseja una autora, Muriel Ormrod:

> "Es mejor que emprendamos en lo que es un poco más allá de nuestro alcance. Siempre debemos leer algo diferente, no sólo leer lo autores con los cuales estamos de acuerdo, sino con los que tenemos que enfrentamos. No debemos condenarles por no estar de acuerdo con nosotros (¿les suena familiar?) sino tomar el desafío y probar sus puntos de vista contra la verdad de las escrituras. No debemos comentar ni criticar a autores que conocemos sólo de segunda o tercera mano, sin molestarnos en leer sus obras por nosotros mismos...no temamos las ideas nuevas, pero tampoco nos dejemos llevar por ellas."

Además, lo que el líder lee revela el carácter y la grandeza de su meta hacia la cual dirige a su pueblo.

¿Les parece entonces, que puede estar al mismo nivel de los seguidores? Como ven, en cada aspecto que hace al predicador, a él se le exige más tiempo, más concentración, más estudio. Muchos ven solamente la fachada, la 'importancia' de ocupar un púlpito. Los que así piensan están muy equivocados. Me atrevo a decir que sólo quienes estén dispuestos a ofrecer sus vidas en el altar del sacrificio, son aptos para este ministerio. Y créanme también, que cuando levantamos nuestros ojos buscando esa clase de líderes, el horizonte se nos presenta vacío. Todos quieren la gloria, el cargo y los aplausos. Pocos están dispuestos a pagar el precio.

Si nos detenemos en este apartado es porque debemos apuntar hacia la calidad en el servicio. Ya hay demasiada mediocridad en nuestros púlpitos. Y porque además, la lectura es el elemento indispensable en la labor de un predicador. Quien no esté actualizado en esto, mejor que se olvide de querer predicar. Un predicador que no lea será como un ciego dando al auditorio una conferencia explicativa sobre la tabla de los colores, las distintas mezclas de los colores primarios y la variedad de tonos que se pueden conseguir.

Si vamos a predicar es mejor que como primera regla entendamos nosotros bien la verdad del evangelio y la doctrina de Jesucristo. Caso contrario, lo único que haremos será confundir a la gente y ustedes saben, que tal el predicador, así serán sus seguidores.

Por último, terminaremos este aspecto dando algunas reglas sumamente importantes de "cómo leer" - consejos que buscan que el alumno se ejercite de una manera práctica y a la vez útil, donde pueda cosechar resultados:

No elijas libros que se olvidan inmediatamente; eso sólo nos ayuda a fomentar el hábito de olvidar.

Lee acompañado de un lápiz y un cuaderno de notas. Desarrollar un método para tomar notas, caso contrario, la lectura será una pérdida de tiempo porque pronto olvidamos lo leído. Debes tener un cuaderno de notas permanente o un fichero donde guardar el material que sea de utilidad para tus sermones o charlas.

Lee con un diccionario al lado. No dejes pasar una sola palabra que no entiendas. Verifica toda información histórica o científica que vayas a utilizar.

Hay que variar los temas de lectura; ésa renovará el interés para la mente y no caerás en la rutina.

Las lecturas deben estar relacionadas entre sí mientras sea posible: historia con poesía, biografía con novelas históricas, por ejemplo, si leemos "El Peregrino" de Juan Bunyan, paralelamente leer algo de historia contemporánea del siglo XVII de la cual el autor fue parte.

Carlos H. Spurgeon en su libro aconsejó a sus estudiantes:

> "Domina los libros que tienes. Léelos cuidadosamente. Saturarte en ellos hasta que te impregnen. Léelos una y otra vez, mastícalos y digiérelos. Deja que lleguen a formar parte de tu propio ser.
>
> Estudia un buen libro varias veces y toma notas y analízalo. Un estudiante encontrará que su mente será afectada mayormente por un libro que domina bien que por 20 libros que sólo ha hojeado. Poca sabiduría y mucho orgullo provienen de una lectura apresurada. Algunos hombres no pueden pensar porque en vez de meditar, leen mucho. Al leer, haz tu lema: 'calidad no cantidad'."

Y aquí, por cierto, recordaros que ante la abundancia de material, sólo un buen asesoramiento nos librará de leer lo inservible. Preguntemos a quienes pueden guiarnos bien porque están empapados del tema, de ediciones, editoriales y autores. De esa manera invertiremos el dinero en textos útiles.

Como el tiempo no nos permite detenernos más en este tema tan fundamental, les aconsejo que lean de C.H. Spurgeon el capítulo XIII de "Discursos a mis Estudiantes", titulado: "A los que cuentan con escasos útiles para trabajar."

Algunos de sus comentarios bastante mordaces pero ciertos son como los que siguen:

"Comenta que la iglesia en vez de lamentarse acerca de la decadencia en la enseñanza y el poder del púlpito debería, a través de sus miembros más influyentes, obreros y diáconos, proveer al predicador de buen alimento espiritual. ¿Cómo? Estableciendo bibliotecas en las iglesias para los ministros como cosa de primera necesidad. Ya sea a través de donaciones de material o contribuyendo con una cuenta destinada a la compra de buenos libros.

En el caso personal del predicador que no pueda comprar más que muy pocos libros, el primer consejo que yo le daría es que compre los mejores. Si no puede gastar mucho, que lo poco que gaste lo emplee bien.

La segunda recomendación que yo haría es dominad los libros que tengáis. Leedlos con la mayor atención. Bañaos en ellos hasta que os saturen. Leedlos y releedlos, masticadlos, rumiadlos y digeridlos. Haced que formen parte de vuestro ser.

Examinad un buen libro varias veces, tomad notas y analizadlo. Un estudiante hallará que su constitución mental se afecta más por un libro que ha llegado a dominar que por veinte que haya visto a la ligera, lamiéndolos por decirlo así, según dice un clásico refrán: 'como los perros beben en el Nilo'."

Y para aquellos que compran montones de libros para abarrotar los estantes, pero que nunca los leen, como también los que se paran dos horas en los estantes de las grandes librerías, comenta:

"Y no sé por qué nos pasa a todos cosa semejante, pues ¿no es verdad que nos sentimos más sabios después de haber pasado una hora o dos contemplando los aparadores de una librería? Pero con igual razón podríamos creernos más ricos después de haber contemplado la caja fuerte del Banco poderoso de Londres. ¡No! señores, en la lectura de libros, llevad por lema: "mucho, no muchos." Pensad al mismo tiempo que leáis. Que vuestro pensamiento sea siempre proporcionado a la lectura, y vuestra pequeña biblioteca no será para vosotros gran mal."

Aconseja también que en el caso de necesitar más libros podemos, con toda discreción, pedirlos prestados.

El mismo cuenta una anécdota:

"El otro día cierto ministro que me había prestado cinco libros hacía dos años o más, me escribió un recado rogándome le devolviera tres de ellos y con gran sorpresa suya recibió a la vuelta de correo no solamente los que pedía sino los otros dos que él había olvidado. Yo había formado y conservado cuidadosamente una lista de los libros que me habían sido prestados y podía por lo mismo devolverlos completos a sus respectivos dueños. La persona a la que me refiero no esperaba seguramente que yo le contestara remitiéndole los libros con tanta prontitud, pues me escribió una carta manifestándome su agradecimiento; y cuando volví a visitar su estudio, lo hallé en la mejor disposición de hacerme un nuevo préstamo."

Y observa que es común escribir en la hoja en blanco de los libros el siguiente poema:

"Si te presto a algún amigo
Para que él en ti se instruya,
Dile que no te destruya
Y te envíe pronto conmigo.
Que me holgaré si consigo
Que de provecho le seas
Comunícale ideas
Con que promover su bien;
Que no en cambio, con desdén
Por él mirando te veas."

De todas maneras, aún si no tuviéramos otro libro, pero poseyesen la Biblia, ella es más que suficiente para equiparnos para nuestro trabajo.

Nadie puede morir de sed espiritual teniendo en cada página de ella raudales de aguas vivas que fluyen del mismo trono de Dios.

El propósito del cristiano al leer es uno sólo: La sana ambición de entender la Biblia, como la revelación de Dios al hombre.

Aquél que no sólo haya aprendido la letra literal de la misma, sino que ha captado su verdadero espíritu, no será un hombre común, aunque le falte instrucción en otras áreas. Siempre será un hombre completo.

Los cristianos de hoy deberían - como en la época de la reforma - ser llamados 'personas de un sólo libro' porque lo conocen, lo aman y lo estudian.

Spurgeon agrega:

> "Cuídate del hombre de un libro. Un hombre así es un terrible antagonista. El que tiene su Biblia en la punta de los dedos y en el fondo del corazón es un campeón de nuestro Israel: no os será posible competir con él."

Ojalá esto pudiera decirse de cada cristiano y por sobretodo de los predicadores y maestros.

3. Su disciplina personal.

Hay temas que son como las columnas en las cuales descansa el carácter de todo lo que será nuestra vida. Muchos estarán pensando: pero, ¿por qué no hablamos de cómo predicar? Sin embargo, les recuerdo que nuestro énfasis principal es en lo concerniente a la personalidad del predicador. Ni el bosquejo, ni la técnica oratoria que utilicemos podrán suplir la falta de integridad en cualquier aspecto de la vida del predicador.

No me imagino cómo alguien que no aprendió disciplina podrá arengar a su congregación a que ordene su vida según el Reino de Dios.

Las palabras discípulo y disciplina tienen la misma raíz. Un líder es una persona que primero se ha sometido voluntariamente y ha aprendido a obedecer una disciplina que proviene de fuera de sí mismo, pero que entonces, se impone una disciplina aún más rigurosa desde dentro de él. Los que se rebelan contra la autoridad y desprecian la autodisciplina pocas veces califican para los cargos importantes del liderazgo. (Entre ellos predicadores y maestros). Eluden los rigores y sacrificios que exige la disciplina divina. Muchos que han dejado la obra misionera lo han hecho no porque no tienen dones suficientes, sino porque hay muchas partes de su vida que no han sido puestas bajo el control del Espíritu Santo.

Muchos creen erróneamente que porque hacen cursos y seminarios de liderazgo ya están habilitados para el ministerio. Pues están equivocados, ¡por millones de kilómetros!

El que no ha aprendido a obedecer, a estar sumiso a las autoridades de la iglesia, jamás debe permitírsele tocar las cosas santas del ministerio.

La desobediencia viene del mismo infierno. Es el mismo espíritu del diablo y aunque se disfrace de religiosidad, eso no es mérito para dejar que personas de ese tipo contaminen los utensilios del santuario. Como el sacerdote en la antigüedad llevaba escrito a la vista de todos "Santidad a Jehová", así también, la vida de una persona debe mostrar claramente su espíritu de obediencia, porque santidad y obediencia van tomadas de la mano.

Muchos cristianos 'desordenados' de hoy andan con la cara larga, según ellos porque se sienten 'ofendidos'. Aducen: "Es que en mi iglesia el pastor no comparte el ministerio" - cuando en verdad lo que quieren decir es: "Yo no sé por qué no me deja lucir mis grandes capacidades de predicar. ¡Oh, si yo predicara! Qué distinto sería la unción de las reuniones." ¡No dudes de que sería tan distinto que a la segunda semana le predicaría a las sillas!

Algunos son como los niños que juegan a la guerra en la calle, cuando uno pasó y los vio tan quietos y sentados les preguntó qué les pasaba. Uno de ellos les respondió: "Es que todos somos generales y no encontramos ninguno que quiera jugar de soldado."

Mis queridos hermanos, es demasiada profunda la obra que Dios deberá hacer en nuestro carácter y en nuestro corazón, antes que podamos estar capacitados siquiera para participar de soldados en el ejército del Señor.

Nada es superficial en el Reino de Dios. Nada puede tomarse a la ligera. No es sólo pararse a dar un discurso. Es predicar para determinar el destino eterno de las almas. ¿Crees que se puede hacer esta tarea como cualquier charlatán de feria? No sería esto más bien vergonzoso para el evangelio y para el mismo Maestro de quien se dijo: "¡Nunca nadie nos ha hablado como este hombre!" ¿Avergonzaremos el nombre de nuestro Maestro por nuestra indisciplina y falta de dedicación a las cosas sagradas?

Dios nos dé un santo temor cada vez que, por la misericordia de Dios, nos sea dado ponernos de pie con el sagrado libro en nuestras manos.

Y ¿qué decir de los jóvenes que piensan que con mucha prontitud pueden ocupar un lugar en el servicio de nuestro Rey? ¿Estarías dispuesto a someter tu carne y tus pasiones a la disciplina de la Palabra de Dios y del Espíritu Santo? ¿Qué precio estás dispuesto a pagar para servir a Jesús?

A un gran estadista que en una oportunidad hizo un discurso que cambió el rumbo político de su nación, le preguntaron ¿cuánto tiempo tardó en preparar su discurso? Él le respondió a su admirador: "Toda mi vida ha sido una preparación para lo que he dicho hoy."

Como dice J.O. Sanders:

> "Un joven con posibilidades de liderazgo trabajará cuando otros pierden el tiempo, estudiará cuando otros duermen, orará cuando otros juegan. No habrá lugar para hábitos descuidados y malogrados, ni en palabra, ni en pensamiento, ni en obra, ni en vestido. Observara una disciplina igual a la de un soldado en cuanto a régimen y comportamiento, para que pueda sostener una buena lucha. Él se encargará del trabajo ingrato que los demás eluden. Emprenderá la responsabilidad oculta que otros

evitan porque no les dará el aplauso de los demás, ni gana con ella ningún aprecio.

El líder controlado por el Espíritu Santo no eludirá el enfrentarse a situaciones o personas difíciles y cogerá la ortiga cuando sea necesario. Con amabilidad y valor hará una crítica cuando sea necesaria o administrará la disciplina cuando así lo exige la obra del Señor. No aplazará el escribir una carta difícil.

Su papelera no esconderá las evidencias de su falta de coraje para enfrentarse con los problemas urgentes. Su oración será la oración de Amy Carmichael:

"Dios enduréceme para no sucumbir a mis deseos,
Los deseos del cobarde con voz patética,
quien implora por la comodidad, el descanso y el gozo.
Yo mismo, soy el traidor más grande de mi propia persona,
Mi amigo más falso,
Mi enemigo mortal,
Mi obstáculo, en cualquier camino en que yo vaya."

¿Qué les parece? ¿Demasiado duro? Veamos entonces, otro ejemplo.

Cuando el Dr. Thomas Cochrane, el fundador de World Dominion Movement, fue entrevistado como aspirante para la obra misionera, se le preguntó: "¿A qué sitio en el campo misionero crees estar llamado?" contestó: "Sólo sé que deseo que me ofrezcáis el sitio más difícil." Es la respuesta de un hombre fuertemente auto disciplinado.

4. Su oración privada

En cuanto a este tema, necesitaríamos tratarlo aparte, procuraremos apuntar - por lo menos - el aspecto esencial que tiene la oración en la vida de un predicador.

La oración del predicador es la señal de su profundo amor hacia aquellos que ministra con su palabra. Richard Baxter aconseja lo siguiente:

> "El descanso para el ministro debe ser como la máquina de afilar para la hoz: que se usa solamente cuando es necesario para el trabajo.
>
> ¿Puede un médico durante una epidemia descansar más de lo indispensable para su salud mientras los pacientes están esperando su ayuda en casos de vida o muerte? ¿Puede el cristiano contemplar a los pecadores en las agonías de la muerte y decir: "Dios no me pide que me afane por salvarlos?" ¿Es ésta la voz de la compasión ministerial y cristiana o más bien hablan la impureza sensual o la crueldad diabólica?"

Esto es así porque nadie que ha gustado el amor y el perdón del Salvador puede quedarse indiferente ante la angustia de los pecadores que caminan hacia la puerta del infierno. Dios necesita hombres con corazones ardientes, hombres dispuestos a colaborar en sus planes.

La Biblia afirma esta verdad de parte de Dios cuando expresa: *"Los ojos de Jehová contemplan toda la tierra para corroborar a los que tienen corazón perfecto para con él."*

Hoy más que nunca la iglesia debe recuperar esta verdad

fundamental. Cuando la institución humana procura mejorar sus programas, modernizar sus maquinarias y crear nuevos métodos, Dios sigue buscando un hombre de corazón perfecto para con El. Ninguna organización puede suplir al hombre ungido por el Espíritu de Dios.

El Espíritu Santo no pasa a través de métodos sino de hombres. No desciende sobre la maquinaria sino sobre los hombres. No unge a los planes sino a los hombres: los hombres de oración.

Tal debe ser el carácter y la conducta que irradiará un predicador que ama la oración que E.M. Bounds en su libro "La Oración, Fuente de Poder" nos expresa lo siguiente:

> "El buen nombre y el éxito del evangelio están confiados al predicador, pues, o entrega el verdadero mensaje divino, o lo echa a perder. El es el conducto de oro para el aceite divino. El tubo no sólo debe ser de oro, además tiene que estar limpio para que nada obstruya el libre paso del aceite, y sin agujeros para que nada se pierda.

> El hombre hace al predicador, Dios tiene que hacer al hombre. El mensajero, si se permite la expresión, es más que el mensaje.

> El predicador es más que el sermón. Como la leche del seno de la madre no es sino la vida de la madre, así todo lo que el predicador dice está saturado por lo que él es. El tesoro está en vasos de barro y el sabor de la vasija impregna el contenido y puede hacerlo desmerecer.

El hombre - el hombre entero - está detrás del sermón.

Se necesitan veinte años para hacer un sermón porque se requieren veinte años para hacer un hombre. El verdadero sermón tiene vida - nace juntamente con el hombre. El sermón es poderoso cuando el hombre es poderoso. El sermón es santo si el hombre es santo. El sermón estará lleno de unción divina siempre que el hombre esté lleno de la unción divina."

Vemos entonces, con claridad que el camino de la predicación no es para cristianos con convicciones simplistas, y una experiencia superficial en la oración. Esta clase de 'pretendientes al púlpito' son como nos dice Pedro en su segunda epístola: *"fuentes sin agua, y nubes empujadas por las tormentas..."* (2:17a).

Suficiente es el hambre espiritual, de afecto y amor que las ovejas sufren en el mundo para que sobre eso vengan a la iglesia y se les alimente con 'sobras espirituales', 'comida guardada' por años y en proceso de descomposición, que más que alimentar a los hambrientos los intoxican, los enferman. Tengamos temor de Dios antes de subir a un púlpito. Si nosotros no estamos bien alimentados, ¿cómo alimentar al pueblo?

Nada justifica a un predicador que no se prepara en oración y en estudio de la palabra. Ojalá que en la eternidad, ninguno de nosotros tengamos que rendir cuentas por almas, que murieron en nuestras congregaciones por falta de un sólido alimento espiritual. ¿No te estremece al pensar en esto?

Hoy en día pululan en nuestras congregaciones muchos 'picos de oro' - personas de palabra fácil.

Yo no estoy de acuerdo que cualquiera predique. A veces no se toma conciencia de lo que es un púlpito. Muchos creen que es como un arco de fútbol - cada vez que les hacen un gol, otro jugador pasa de arquero y el desastre es cada vez peor. Porque entonces es la iglesia la que pierde por goleada.

Si no hay alguien capacitado es mejor que nadie hable. Se puede leer la Biblia, orar y cantar. No se trata de que agarre la pelota el primero que llegue.

Un hermano sencillo pero con sentido común puede hablar si es necesario. Pero lo hacen con una conducta y una trayectoria que los respalda.

Mis hermanos, cuidemos la calidad y el contenido de nuestra enseñanza. Sobretodo estemos alerta para evitar que suban a los púlpitos ciertas cotorras de saco y corbata, muy en moda en estos días que hablan de todo y no dicen nada.

Es para mí tan importante este tema que quiero citar otras palabras de este gran hombre de Dios:

La predicación más enérgica y más dura del ministro ha de ser para sí mismo. Dios demanda no grandes talentos, ni grandes conocimientos, ni grandes predicadores, sino hombres grandes en santidad, en fe, en amor, en fidelidad, grandes para con Dios. Estos son los que pueden modelar una generación que sirva a Dios.

¡Cuánto pierde la iglesia y cada uno de nosotros por no orar con más fervor, con más entrega! Cuánta superficialidad notamos muchas veces en las oraciones de la iglesia. Parecen ser solamente un número más del programa.

Y cuán pocos se dan cuenta que el 'no orar', es un grave pecado. ¿Por qué? Es decirle a Dios: no te necesito, yo solo me basto. Creo que hoy, cada uno de nosotros debemos pedirle perdón al Señor por el pecado de nuestra falta de oración.

No me cabe la menor duda que aún si nos faltaran otros dones pero somos fieles intercesores delante de Dios, eso sería más que suficiente para que Dios pueda usarnos para su gloria.

Día a día quienes sirven al Señor se sienten abrumados por cargas y tentaciones tan difíciles y complicadas que sólo una autodisciplina seria, aplicada a la oración, les mantendría en pie, vigorosos y bien parados, en medio del fragor de la batalla.

Muchas veces el activismo es nuestro peor enemigo - corremos de aquí para allá sin detenernos. Hay tantas cosas por hacer que olvidamos lo más importante.

Es cierto que nos damos cuenta que la oración es en verdad la respiración vital del creyente, el aire que respira a diario, sin embargo, nos cuesta buscar la presencia de Dios. No nos es fácil deleitarnos en Su presencia.

Nuestra naturaleza se opone al espíritu como bien explica Pablo:

"Porque el deseo de la carne es contra el Espíritu, y el del Espíritu es contra la carne; y éstos se oponen entre sí para que no hagáis lo que quisiereis." (Gálatas 5:17)

Esto no debe amilanarnos. Debemos mirar y considerar las vidas de hombres igual a nosotros que lucharon para superarse y lo lograron.

El biógrafo de Samuel Chadwick escribió:

> "Era esencialmente un hombre de oración: cada día se levantaba poco después de las seis e iba a una pequeña habitación, su santuario privado, donde tenía su hora devocional antes del desayuno. Era potente en la oración pública porque era constante en su devoción privada. Cuando oraba esperaba una respuesta de Dios. Ojalá hubiese orado más – escribió al final de su vida – aún si hubiese trabajado menos; y de lo más profundo de mi corazón desearía haber orado mejor."

Cuando aprendamos que la oración privada es lo más importante, nuestra predicación sacudirá el corazón de los pecadores y molestará a los creyentes perezosos.

La oración es la que determina si hacemos nuestra predicación con nuestras propias fuerzas o si la hacemos con la unción del Espíritu.

No importa la clase de servicio que prestas en tu iglesia, cualquiera que sea, si no está previamente regado con lágrimas de oración y acciones de gracias en la presencia de Dios, será nada más que la presunción religiosa vestida de hermoso ropaje por fuera, pero vacía e inútil por dentro.

Así era el 'celo religioso' de Pedro. Cuando a viva voz juraba que no negaría al Señor su orgullosa carne quería quedar bien con lo que lo miraban y le escuchaban. En realidad lo que él pensaba en su corazón era: "¡Qué bien que estoy quedando delante de todos! ¡El Señor debe estar contentísimo conmigo!"

Pero no terminó el Señor de darle la espalda cuando él tuvo que aprender con dolor que él no estaba capacitado con sus propias fuerzas naturales para ser un discípulo fiel. Saboreando con amargura sus lágrimas aprendió una dura verdad. El servicio natural no sirve en el reino de Dios.

Antes de servir hay que morir. Mi hermano, la oración mata tu carne. La oración quiebra tu orgullo. La oración te humilla bien humillado para que no le robes la gloria a Dios.

Lo que quiero decir es que sin oración no hay fruto. Es trabajar en vano. Cómo pretender que la semilla germine en tierra seca.

"La forma, la hermosura y la fuerza del sermón es como paja a menos que tenga el poderoso impulso de la oración en él, a través de él y tras él.

El predicador debe, por la oración, poner a Dios en el sermón. El predicador por medio de la oración, acerca a Dios al pueblo, antes de que sus palabras hayan movido al pueblo hacia Dios.

Hay innumerables predicadores que desarrollan sermones notables – pero los efectos tienen corta vida y no entran como un factor determinante en las regiones del Espíritu donde se libra la batalla tremenda entre Dios y Satanás, el cielo y el infierno, porque los que entregan el mensaje no se han hecho militantes, fuertes y victoriosos en la oración." (E.M. Bounds).

El diablo sabe esto y procurará que los predicadores no oren. Hará todo lo que está a su alcance para impedirlo. Así que no te extrañes que te cueste orar. Eso demuestra que debes elegir entre la vida y la muerte. Cada vez que oras eliges por la vida. La tuya y la de todos aquellos que alcanzarás por tu ministerio.

"Cuando voy a orar - confesó un eminente cristiano - encuentro que mi corazón está indispuesto para ir a Dios. Es justo en este momento cuando la autodisciplina debe ser ejercitada. Cuando te sientes indispuesto a orar no cedas a ello sino procura e intenta orar, aunque pienses que no puedes orar."

Como cualquier otro arte, la oración necesita que se le dedique tiempo. Por el tiempo que le dedicamos se expresa el concepto que de su importancia hemos comprendido.

Escuchen la respuesta de Martín Lutero a una pregunta acerca de sus planes para el trabajo del próximo día: "Trabajar, trabajar, trabajar, desde la mañana hasta la noche. Tengo tanto trabajo que pasaré las tres primeras horas en oración."

No hay otra manera para aprender a orar que orando. No hay curso o método alguno que pueda hacerte un hombre de oración. Sólo tú puedes decidirlo en tu corazón. Dios no te obligará a doblar las rodillas.

Hoy puedes decidir comenzar a probar el camino de la

oración. Cualquier problema o duda que se te presente se resolverá ante un hecho indiscutible: la oración es contestada y uno puede gozar de la comunión con Dios.

Qué mejor para inspirar nuestra vida que detenernos en la misma persona de nuestro Señor. Su ejemplo nos ilustra que Él vivía pendiente de la oración, al punto que fue la oración la que lo animó a hacer y soportar la costosa voluntad de su Padre.

D. M. McIntyre escribió:

> "En Lucas 5:16 tenemos una declaración general que arroja una vívida luz sobre la práctica diaria del Señor - *"Mas Él se apartaba a lugares desiertos y oraba."* En esta ocasión el evangelista nos habla no de una sola vez sino de muchas veces. Era un hábito en nuestro Señor buscar un lugar retirado para orar. Jesús pasó noches enteras en la oración, (Lucas 6:12). La Biblia nos narra que se levantaba antes del amanecer para tener comunión con el Padre. Sus más profundas crisis estaban precedidas por períodos especiales de oración. (Lucas 5:16).

> Todas las declaraciones de los evangelistas dejan establecido que era un hábito regular para Él, el apartarse a lugares desiertos a orar. Esta misma idea de la necesidad de pasar tiempo en retiros de oración se las enseñó a sus discípulos y debieran hacernos detener a nosotros hoy. (Marcos 6:46; Lucas 9:28)."

Dice un escritor:

"Toda oración verdadera agota la vitalidad del hombre. La verdadera intercesión es un sacrificio, un sacrificio de sangre." Jesús realizó todas sus obras dando muestras de una energía sorprendente. Pero en cuanto a sus oraciones la escritura dice: *"... ofreciendo ruegos y súplicas con gran clamor y lágrimas."* (Hechos 5:7).

Pablo mismo nos enseña el secreto para vivir una vida de oración cuando afirma: *"... el Espíritu mismo intercede por nosotros con gemidos indecibles. Mas el que escudriña los corazones sabe cuál es la intención del Espíritu, porque conforme a la voluntad de Dios intercede por los santos."* (Romanos 8:26b, 28).

Nunca te rindas al malestar, a la inercia o a no encontrarte cómodo en la presencia de Dios. ¡Lucha! Pero no con tus armas. Dile al Espíritu que vive en ti: "¡ayúdame en mi debilidad! ¡Intercede por mí!" Y qué maravilloso será ver que el mismo Espíritu Santo se unirá con nosotros y derramará sus súplicas dentro de las nuestras.

En este asunto de la oración hay un sólo maestro: el Espíritu Santo. Su ayuda en la oración es su oficio más frecuente en el cual lo mencionan las Escrituras.

San Pablo recalca que la oración verdaderamente efectiva es la que se hace "en el Espíritu". Esta oración produce milagros. Hace temblar al infierno y produce gozo en el cielo.

El hombre al que Dios le ha confiado una responsabilidad en Su reino debe saber que el Espíritu Santo se complace en ayudarlo en su debilidad física y moral en cuanto a la oración.

El que ora se encuentra con muchos obstáculos, por ejemplo muchas veces no podremos orar a causa de un gran sentimiento de culpa en nuestro corazón debido a nuestra maldad, entonces sólo el Espíritu Santo podrá aplicar con eficacia el poder de la sangre de Cristo y libertarnos.

También muchas veces nos impedirá orar la limitación de nuestra mente – nos sentiremos como entorpecidos en su presencia. Allí solo el Espíritu Santo que conoce la mente y el corazón de Dios le revelará al hombre cómo orar adecuadamente. Sólo El podrá darle convicción acerca de la voluntad de Dios.

La misma flaqueza de nuestro cuerpo se opondrá a que oremos. Ya hemos citado a Pablo en Gálatas 5:17.

Pero aquí nos referimos más específicamente al cuerpo humano. Mayormente los que viven en climas tropicales se sentirán decaídos y faltos de concentración para orar. Como dice Pablo el Espíritu vivificará nuestro cuerpo mortal para sobreponernos a las adversidades físicas y también a las condiciones climatológicas.

Y por sobre todo, el predicador que ora, debe enfrentarse a la sutil y persistente oposición de Satanás que buscará por todos los medios crear duda, sensaciones de derrota, estados de opresión y también profundos pozos de depresión.

Ante un enemigo espiritual tan poderoso, el hombre que ora cuenta con la fiel presencia sobrenatural del Espíritu Santo, el paracleto (ayudador) que Jesús prometió cuando dijo: *"No os dejaré huérfanos; el consolador (parakleto) vendrá a vosotros."*

El Espíritu Santo es mucho más que un ángel – es la misma presencia de Dios, es El mismo como persona viviendo en ti, y ¿sabes algo? El diablo le tiene temor al brazo del Espíritu Santo, porque Él levantó a Cristo de ¡entre los muertos!

Aún si estuvieras muerto...el Espíritu Santo te levantará para orar. Nunca dejes de orar. Ora siempre, en las buenas y en las malas circunstancias. Aun cuando te sientas derrotado clama al Espíritu que te ayude allí donde estés. Entonces, el Espíritu se manifestará en tu corazón, te pondrá de pie y convertirá tu debilidad en fortaleza.

Salmo 34:17: *"Claman los justos, y Jehová oye y los libra de todas sus angustias."*

No nos olvidemos entonces:

> "Nosotros podemos cultivar la técnica de orar y entender su filosofía; podemos tener confianza ilimitada en la veracidad y validez de las promesas concernientes a la oración. Podemos defenderla tenazmente pero si nosotros ignoramos el papel que juega el Espíritu Santo, habremos dejado de usar la llave maestra. La enseñanza progresiva es necesaria para el arte de orar, y el Espíritu Santo es el Maestro de los Maestros." (Sanders).

Y hay otros muchos aspectos de la oración que no podremos tratar aquí; terminaremos entonces con estas palabras de Spurgeon:

> "La gloriosa bendición que la oración privada atrae sobre el ministerio es algo indescriptible e

inimitable que mejor se entiende que se explica; es un rocío que viene del Señor, una presencia divina que reconoceréis en el acto cuando os digo que es "una unción del Santísimo." ¿Y esto qué es? No sé cuánto tiempo tendríamos que devanarnos los sesos antes de expresar por medio de palabras con la conveniente claridad, lo que significa con la frase de "predicar con unción"; con todo, el que predica conoce la presencia de ella; y él que oye advierte pronto su ausencia.

Si la unción que usamos no nos viene del Señor de los ejércitos, somos impostores, y puesto que sólo por medio de la oración podemos obtenerla, persistamos sin cesar en súplicas fervientes.

Que vuestro vellón permanezca en la era de la oración hasta que sea mojado con el rocío de los cielos.

No vayáis a ministrar en el templo hasta que os hayáis purificado en el lavacro. No penséis en llevar un mensaje de gracia a los demás antes de haber visto al Dios de la gracia vosotros mismos, y de haber recibido la palabra de sus labios."

Esto nos lleva a nuestro próximo tema: ¿Cómo y en dónde nace el tema que el predicador expondrá? El sermón debe nacer en la presencia de Dios. Por eso el predicador debe amar la oración - sólo a los pies de Jesucristo el Espíritu Santo nos habla. Es recién a partir de ese momento que podemos empezar a trabajar en la elaboración del sermón.

3

Elementos del Sermón

A) Encontrar el tema.

Seguramente éste es el mayor problema: "¿De qué predicaré este domingo?" Pero recordemos lo dicho anteriormente. "El mejor estudio comienza con la oración." Martin Lutero afirmó: "Haber orado bien es haber estudiado bien." Esto debemos repetirlo con frecuencia y no olvidarlo. Dios contestará nuestra oración y nos dará el pasaje. Otras veces nos dirá que no al pasaje que nos había entusiasmado.

De todas maneras, una vez escogido el pasaje descansemos en la verdad de que la misma Palabra de Dios *es más penetrante que una espada de dos filos"* y ella misma hará la obra en los corazones.

Una vez claro el punto de partida, haremos lo siguiente:

1) Debemos poner todo nuestro empeño a través de los medios que poseemos para concentrarnos en nuestro tema.

2) Al escoger nuestros temas debemos hacerlo pensando en la necesidad de nuestros oyentes, no por su condición social o económica, sino por su necesidad espiritual. Si hacemos diferencia de personas pecamos contra Dios quien ama a todos por igual.

Así que deben ser temas que todos puedan entender. Lo simple no quita lo profundo.

Pueden ser temas que sirvan para consolarlos de sus muchas tristezas; o palabras que les animen a confiar en un Dios amoroso. Así que repetimos: debemos pensar en lo que nuestros oyentes realmente necesitan para su edificación espiritual; allí estará nuestro tema.

3) También es útil considerar qué pecados se encuentran afectando a la iglesia. Deberemos exhortar con una fuerte autoridad; pero siempre con amor.

4) Nuestra predicación debe contener "todo el mensaje de Dios."

La iglesia debe recibir une dieta completa. Cada predicación debe estar relacionada en algún modo a la anterior.

Sin embargo, no es bueno insistir siempre en la misma doctrina descuidando la variedad del todo, cada parte de la doctrina del Señor es provechosa y cuando una parte falta debilita a los creyentes.

Así que debemos dar a cada parte de la Biblia su propio

lugar en nuestro corazón y en nuestra inteligencia. Nuestros sermones deberán nutrirse de toda la verdad inspirada, las doctrinas, los mandamientos, la historia, los símbolos, salmos, proverbios, las promesas, los juicios y las exhortaciones.

Muchas veces aun habiendo perseverado hasta el último momento en oración, la inspiración parece no llegar. No debemos olvidarnos entonces, que nuestro servicio *"no es con ejército ni con espada, sino con el Espíritu de Jehová"*. Si confiamos en Él no nos desamparará; no puede hacerlo porque Él es fiel.

5) El predicador debe estar siempre ocupado elaborando sermones, anotando ideas y guardando el material adecuado. Nadie que desea predicar puede darse el lujo de esperar a último momento para preparar el alimento para su grey.

Atendamos otra vez algunos consejos del 'príncipe de los predicadores':

> "Como precaución, permitidme que haga la observación de que debemos estar siempre preparándonos para encontrar textos y para hacernos sermones. Debemos conservar siempre la actividad santa de nuestro entendimiento. ¡Ay del ministro que se atreva a malgastar una hora!

> La hoja de vuestro ministerio pronto caerá, a no ser que, como el hombre bendito de que se habla en el primer Salmo, meditéis en la ley de Dios de día y de noche.

> Vuestras preparaciones para el púlpito son de la

mayor importancia, y si las descuidáis no honraréis ni a vosotros mismos ni a vuestra vocación.

Las abejas están haciendo miel desde la mañana hasta la noche y a semejanza de ellas nosotros debemos ocuparnos siempre en juntar víveres espirituales para nuestra congregación.

Vosotros los que os alistáis para predicar, debéis encontraros siempre ocupados en la preparación de los mensajes.

Conservad abiertos los ojos y los oídos y veréis y oiréis ángeles. El mundo está lleno de sermones: atrapadlos al vuelo." C. H. Spurgeon

Como vemos entonces, es muy importante mantenernos en una actitud atenta; pues, todo lo que nos rodea puede contener el tema que necesitamos y ante el cual, Dios llamará la atención de nuestra alma.

B) Sobre la importancia de la voz.

Lo primero que debemos tener en cuenta es no pensar demasiado en ella cuando hablamos. Podemos tener la más hermosa y dulce voz, pero no nos servirá de nada si no tenemos nada útil que decir.

Un hombre dotado de la más excelente voz, y a quien le falten conocimientos y un corazón ardiente, será *"una voz clamando en el desierto"* o como dice Plutarco: "voz y nada más". Semejante hombre bien podría lucirse en el coro pero en el púlpito será inútil.

Esto no quita que pensemos correctamente en nuestra voz. Del modo que aprendamos a dominarla, también dependerá la excelencia de nuestro servicio.

Por ejemplo, es muy importante aprender a dar el tono adecuado al sermón, según el tópico que estemos tratando. Aprender a modular la voz hacer cambios de volumen, según lo requiera el sentido de la frase, dará vida a la charla y mantendrá la atención de los oyentes.

Especialmente podremos evitar una predicación monótona y aburrida - cuyo efecto puede ser mortífero para la congregación - si somos diligentes en mejorar nuestra vocalización. Queda por demás irreverente un predicador que no sabe pronunciar adecuadamente las palabras de su propio idioma.

Es nuestra obligación servir en la predicación del evangelio con lo mejor de nuestra voz. Tal como lo hiciera el profeta Ezequiel de quien el Señor dijo: *"Tú eres a ellos como cantor de amores, gracioso de voz y que canta bien."* (33:32). Así aunque el pueblo de Israel continuó con un corazón endurecido, Ezequiel se sintió inspirado para anunciar la Palabra de Dios empleando el mejor estilo de su voz y de sus modales.

Debemos también aprender a corregir toda forma de hablar mal aprendida, como también palabras que suenan desagradables a los oídos. Juan Wesley dijo: "Tened cuidado de no retener nada torpe ni afectado, ni en vuestros gestos ni en vuestro lenguaje, ni en vuestra pronunciación."

Hay algunos que suelen lanzar gritos discordantes tan agudos que se parecen al ruido de goznes aherrumbrados, o a un gato que le han pisado la cola.

Otros usan tonos tan graves en su voz, que parecen más bien lúgubres mensajes venidos del más allá. Se pueden imaginar el efecto que estos tonos sepulcrales pueden causar en las personas enfermas o temerosas que han llegado a la iglesia buscando consuelo.

En resumen entonces, cuidemos nuestra pronunciación, aprendamos a vocalizar bien, sepamos cuando levantar lo bajar el volumen de la voz. No hablemos demasiado detenidamente pero tampoco tan aceleradamente como la carrera de un caballo desbocado. Ambas cosas echan a perder el sermón. El predicador debe armonizar sus pensamientos y su imaginación en relación con su lengua.

Es muy triste escuchar desde el púlpito, exposiciones que no son más que un tropel de palabras sin orden ni propósito.

C) Ganar la atención del público.

Muchas veces nos habremos hecho esta pregunta ¿cómo conseguir la atención de nuestros oyentes y retenerla? Es sumamente importante ganar la atención de los oyentes, de otra manera no podremos causarles ninguna impresión.

Por regla general el público tiende a distraerse y de esta manera no pueden recibir la verdad.

Debemos procurar aprender a inspirar su ánimo de manera que se mantengan despiertos. No debemos conformarnos con hablar 30 minutos sin parar y dar por concluida nuestra tarea.

Hay muchos que se conforman con ver un auditorio lleno de cabezas sin importarles si están dormidos o despiertos. Nuestra oración y nuestro mejor esfuerzo al predicar debe ser el llegar al corazón de la gente con nuestro mensaje. Nunca debemos conformarnos sólo con dar discursos. No, si no hemos logrado conmover los corazones hasta llevarlos a Dios.

Es muy importante para el predicador le atención de todos sus oyentes desde los mayores hasta los más jóvenes. A veces nos quejamos de que los niños molestan en el culto - si no hay un programa para ellos - ¿no debemos esforzamos para que nuestra predicación atraiga aún a los niños?

Esto es muy importante. A veces es importante mirar fijamente a las personas cuando hablamos; nadie a quien se lo observa directamente se mantendrá indiferente mucho tiempo. A veces lo que no contribuye a la atención son las malas costumbres de los oyentes. Por ejemplo, el hábito nada disimulado de voltear la cabeza para ver quien está entrando.

También algunos que llegan tarde y hacen tanto ruido con sus zapatos y el chirrido de sillas al moverse, que hasta el último asistente se entera de su llegada. Todo esto ha de corregir el predicador, enseñando nuevos comportamientos; que claro está, tienen que ver con la educación y las buenas costumbres.

Los motivos de la falta de atención pueden ser muy variados pero a continuación enumeramos algunos consejos atinentes al predicador, y a la presentación de su mensaje, con el fin de evitar que el auditorio pierda el hilo del sermón.

1- Asegurarnos de que lo que estamos diciendo es digno de oírse y vale la pena dedicar tiempo a escuchar.

Ustedes saben, todos los seres humanos por instinto nos agrada escuchar algo interesante, y en contrapartida desinteresarnos de palabras vacías de contenido. Dice un predicador: "Dadles algo notable, algo que valiera la pena de que un hombre se levantara a medianoche para oírlo y que anduviera 100 kilómetros con ese objetivo."

2- Asegurarnos también que nuestros pensamientos estén bien ordenados.

Un montón de buenas ideas entremezcladas sin orden y propósito no harán más que frustrarnos a nosotros y empachar los oídos de la gente.

3- No olvidemos hablar con sencillez.

Esto ya lo hemos comentado. Según el nivel de los oyentes debemos aprender a subir o bajar el lenguaje y el estilo del sermón. Debe ser bendecido el anciano, el joven y el niño.

4- Para ganar la atención de los oyentes debemos predicar de un modo agradable. Y esto tiene que ver con la variedad de su estilo de que echará mano el predicador.

5- Y algo sumamente importante: no hagamos tan larga la introducción del sermón que sea más extensa que el mensaje mismo.

La introducción debe ser breve, y tener algo de interés especial que despertará la expectativa de los asistentes por oír el sermón. Puede ser a través de preguntas, o temas relacionados con hechos recientes de orden público, etc.

Esto es así, porque la introducción es el gancho que captará el interés, despertando la curiosidad del oyente, para así con expectativa, no querrá perder nada del desarrollo del sermón. Así que debe contener alguna idea creativa y que despierte o desafié al oyente.

Es sumamente importante cuidarnos de repetir la misma idea muchas veces. Debemos procurar decir algo nuevo en cada frase. Como alguien dijo: "No podemos estar martillando siempre en el mismo clavo" cuando tenemos una Biblia con inmensurables tesoros en sus páginas.

Por otra parte, la mejor manera de ganar la atención de la congregación es cuidarnos de mensajes demasiados largos.

Bien se dice que 'lo bueno y breve, doblemente bueno'. Un sermón de 30 minutos es más que suficiente si tenemos claro el propósito que queremos lograr; a lo máximo 40 minutos en ocasiones. Es mejor dejar a la gente con apetito que con un empacho de palabras que no quieran oír.

Otra cosa muy distinta es cuando sentimos que la unción del Espíritu nos está dirigiendo porque aunque hablemos dos horas, la gente estará sumamente atenta.

Debemos saber discernir - las técnicas humanas no pueden ayudar a un predicador vacío. Pero cuando el agua de vida fluye por el hombre, el pueblo recibe con deleite – es más, no quisieran que termine nunca la fiesta en su corazón. La mejor manera de abreviar nuestro sermón, es estudiarlo mejor y profundamente.

Spurgeon dice:

> "Predicamos siempre más tiempo cuando tenemos menos que decir. Un predicador que tiene su sermón bien preparado, rara vez pasará de los 40 minutos; si tiene menos que decir, continuará por otros 10 minutos; y cuando no tiene nada preparado, necesitará por lo menos una hora."

No olvidemos tampoco que sólo por medio del Espíritu Santo se puede conseguir la atención del público. Además, para interesar a otros, debemos primero estarlo nosotros. Si es así, usaremos nuestras mejores facultades para presentar el mensaje.

No es extraño muchas veces, que la gente no atienda si el predicador no se muestra interesado por su propio tema. ¿Cómo inspirar a otros cuando tú mismo no estás entusiasmado?

Romaine decía que era conveniente conocer el arte de predicar, pero que era una cosa infinitamente mejor, saber predicar con el corazón.

D) Analizar el texto elegido.

Una vez que sabemos el texto que utilizaremos, trabajaremos sobre él analizándolo parte por parte. Por ejemplo: 2 Timoteo 2:1-7, será nuestro texto de trabajo, (podemos leerlo en la versión que utilizamos diariamente y luego en otras versiones, que nos amplíen la interpretación de su contenido).

Análisis textual

Con un lápiz subrayamos todas las palabras claves. Y también las frases según creamos conveniente.

Es importante ser creativos, y estar abiertos a que el Espíritu Santo te revele conexiones entre las palabras de los distintos versos que te ayudarán a comprender mejor la enseñanza de todo el pasaje escogido.

Otra manera todavía mejor, en una hoja en blanco vamos escribiendo el pasaje, pero resaltando, de diferentes maneras, palabras y frases claves. Como verás abajo lo que me ha llamado la atención lo he resaltado en mayúsculas y en negrita. En el papel se pude ir uniendo con una línea o flecha las frases de diferentes versos que están relacionadas.

"TU, pues, hijo mío (TIMOTEO)
Esfuérzate
en la gracia que es en Cristo Jesús
lo que has oído de mí...
Encarga a hombres fieles idóneos Para enseñar.
Sufre penalidades
como buen SOLDADO de Jesucristo.
Se enreda en los negocios de la vida
Ninguno que milita a fin de
agradar a Aquél que lo tomó por soldado.
El que lucha como ATLETA no es coronado
si no lucha legítimamente
El LABRADOR para participar de los frutos
debe trabajar primero
Considera lo que digo y el Señor te dé entendimiento
en todo."

- Buscar en el diccionario el significado de todas las palabras que no entiendes haciendo una lista aparte.

- Luego del análisis textual, en otra hoja, responde las siguientes preguntas:

a) ¿Qué dice este pasaje? ¿Cuál es su enseñanza principal?

b) ¿Cómo lo dice? (aspecto literario)

c) ¿Para quién y cuándo lo dice? (aspecto histórico)

d) ¿Por qué lo dice? (aspecto moral y espiritual)

e) ¿Para qué lo dice? (aplicación personal)

Debemos responder estas preguntas observando el análisis textual y explayarnos lo mejor posible sobre cada idea que se nos ocurra para responder a cada pregunta.

Luego, continuamos con otras dos preguntas:

1- ¿Qué lecciones importantes aprendo en este pasaje?

Enuméralas con ayuda del punto 'a'.

2- ¿Cómo puedo aplicarlas a mi propia vida?

Ayúdate con el punto 'c'.

Aquí podemos intentar poner el título al sermón. Se nos pueden ocurrir más de uno luego decidimos cuál. Por ejemplo podría ser:

- Consejos de Pablo para todo cristiano.

-Tres figuras del obrero cristiano.

- Como conseguir la victoria en el servicio.

Prueba, según lo que has estudiado, escoger uno propio.

E) *El bosquejo del Sermón*

(No olvidemos que la introducción debe contener algo llamativo).

TITULO: (A escoger...) TEXTO: 2 Timoteo 2:1-7.

I) INTRODUCCION:

- ¿Les agradaría escuchar esta noche, un bonito sermón acerca de cómo fracasar en la vida cristiana?... ¡Seguramente que no!

-A continuación veremos tres consejos que nos aseguran el éxito en cualquier empresa. Así es, estos consejos pueden convertirte de perdedor ¡en un poderoso ganador!

II) DESARROLLO

A) Tres consejos en tres palabras.

1) El amor filial de Pablo a Timoteo.

2) Timoteo, un líder tímido.

a- Esfuérzate

b- Escucha

c- Encarga

B) Tres figuras del verdadero discípulo.

1) La figura del soldado.

a) Discípulo = disciplina = soldado.

b) El buen soldado sufre penalidades.

c) No se 'enreda' en los negocios de la vida.

d) Sólo busca agradar a Dios.

2) La figura del atleta.

a) El sacrificio y la preparación de un atleta romano.

b) El discípulo como el atleta lucha por una corona incorruptible.

c) Lucha con armas legítimas.

3) La figura del labrador.

a) Para participar de los frutos debe trabajar primero.

b) La importancia de ser diligente en nuestro trabajo.

- secular

- en el Reino de Dios

III) CONCLUSIÓN

A la luz de estas figuras: ¿tengo la disciplina del soldado? ¿Estoy consagrado para el Señor? ¿O estoy enredado en negocios que me contaminan?

¿Estoy dispuesto a pagar el precio del sacrificio con la vista puesta en la corona de vida? ¿Cómo soy en mi trabajo: diligente o negligente?

Aquí es importante notar que según el Espíritu Santo nos guíe, haremos el cierre, ya sea con una oración de arrepentimiento, con un desafío personal, o con un llamado a renovar la entrega para un mejor servicio etc.

Lo importante es que prediquemos siempre con un propósito.

Que al terminar, exijamos de los oyentes (con firmeza nacida de un amor sincero por sus almas) una respuesta al mensaje. Y si estamos en oración el Espíritu Santo nos guiará con fuertes impresiones para ministrar a las necesidades de la gente. Seamos sensibles a su voz interior.

Este bosquejo es sólo una guía. El predicador aprende a hacerlo con su propio estilo a medida que va avanzando en su servicio y adquiriendo conocimiento y experiencia.

Que Dios te bendiga, y recuerda, si vas a predicar, siempre debes estar creando sermones; corrigiéndolos, trabajando sobre ellos. Y sobre todo, interesándote personalmente en el tema; esto, unido a un profundo amor por las personas. Nuestro Señor sirvió hasta estar dispuesto a dar su vida por nosotros. ¿Esperará menos de nosotros?

Y no olvides: ¡PREDICA CON EL CORAZÓN!

Acerca del autor

Después de estudiar teología durante 3 años como interno en la Escuela Bíblica Evangélica de Villa María, Provincia de Córdoba, Argentina, José Reina se gradúa en el Colegio Nacional de Montserrat, dependiente de la Universidad de Córdoba, como Martillero Público y Judicial.

En 1976 contrae matrimonio con Priscilla Baker (quien también estudió durante 3 años en la misma Escuela Bíblica) y se establecieron en la ciudad de Córdoba donde fueron activos en la iglesia donde asistían. Mientras que también el Señor los bendijo con cuatro hermosos niños.

En 1986 fueron bautizados en el poder del Espíritu Santo colaborando en la campaña del evangelista Carlos Annacondia. José comienza su labor como pastor de una iglesia e iniciando el Instituto Bíblico Palabra de Fe.

En julio de 2002 parte con su esposa para Estados Unidos, donde permanecen un año, para luego viajar a España y radicarse en Málaga.

La Iglesia Fuente de Vida tiene sus comienzos en junio de 2004. Teniendo un énfasis especial en la enseñanza de la Palabra de Dios, y continuando con el Instituto Bíblico Palabra de Fe, cuyo lema: "Preparando obreros para la cosecha mundial", ilustra el propósito de este ministerio de enseñanza, claramente establecido en el mandamiento del Señor Jesucristo: "Id y haced discípulos a todas las naciones,... enseñándoles que guarden todas las cosas que os he mandado;..." (S. Mateo 28:19a; 20a).

Recursos para tu edificación

Para finalizar, te dejo una lista de sitios web que puede ayudarte en tu relación con Dios a través de recursos musicales, videos y material de bendición.

Devoción Total
(www.DevocionTotal.com): Red de sitios cristianos dedicada a proveer recursos para la evangelización y la edificación de los creyentes en Cristo Jesús. Encontrarás prédicas, música, mp3s, videos, reflexiones cristianas, devocionales y mucho más.

CD Virtual GRATIS
(www.DevocionTotal.com/cdvirtual/) Un CD completo para descargar que contiene la música de cantantes cristianos independientes en archivos MP3, un librito y otras sorpresas dentro!

Sermones Cristianos.NET

(SermonesCristianos.NET): Descarga gratis sermones en audio mp3, prédicas cristianas y estudios bíblicos. También predicaciones escritas y en video.

Estudios Bíblicos

(www.EstudiosBiblicosCristianos.NET): Materias del Instituto Bíblico Palabra de Fe que ahora puedes leer y consultar en línea.

Mensajes Cristianos

(www.MensajesCristianos.NET): Un devocional de aliento para tu vida tomado de la Biblia. La Palabra de Dios: Un mensaje para cada día del año

Aplicaciones Cristianas

(www.AplicacionesCristianas.com): Diferentes aplicaciones gratis para dispositivos móviles con sistema operativo Android, Apple y Nokia: Devocionales, Libros, Música y Videos.

Estimado Lector

Nos interesan mucho tus comentarios y opiniones sobre esta obra. Por favor ayúdanos comentando sobre este libro. Puedes hacerlo dejando una reseña en la tienda donde lo has adquirido.

Puedes también escribirnos por correo electrónico a la dirección info@editorialimagen.com

Si deseas más libros como éste puedes visitar el sitio de **Editorialimagen.com** para ver los nuevos títulos disponibles y aprovechar los descuentos y precios especiales que publicamos cada semana.

Allí mismo puedes contactarnos directamente si tienes dudas, preguntas o cualquier sugerencia. ¡Esperamos saber de ti!

Más libros del autor

Espíritu Santo, ¡Sopla En Mí!
Aprendiendo los secretos para un vida de poder espiritual

Este libro te guiará a conocer al Espíritu Santo como persona. También aprenderás que es posible vivir una vida llena de su presencia. ¡Vivir una vida en lo sobrenatural es posible!

Apocalipsis - Un vistazo al futuro de la humanidad

Este libro fue escrito para entender las revelaciones contenidas en el Libro del Apocalipsis.

Además encontrará estudios adicionales relacionado con los demonios, el Anticristo y lo relacionado con el Tribunal de Cristo, temas tratados en la Palabra de Dios en otros contextos pero que integran el tiempo del estudio apocalíptico, dado que el principal propósito es lograr un estudio en orden cronológico según sucederán los hechos.

La Oración Intercesora - Principios para una vida de oración eficaz

Este libro te ayudará a descubrir el placer de orar. Aún en nuestras vidas tan agitadas podemos aprender a orar y a interceder como a Dios le agrada.

Es mi deseo que este libro te inspire a ser parte de ese ejército de Dios que continuamente clama al cielo "¡Que venga tu reino!" Sin duda Dios hará maravillas con cada vida que le crea a Él y actúe en consecuencia

Los Dones Espirituales - Descubre el don que hay en ti para edificación de la Iglesia

Debemos tener una sincera preocupación por descubrir nuestros dones para ponernos a servir al Cuerpo, de lo contrario, lo que hayamos recibido comenzará a marchitarse y pronto se secará definitivamente. Los dones de en una iglesia son la prueba de que el Espíritu Santo está presente y que tiene vida

¿Podemos confiar en la Biblia? - Respuestas a las más inquietantes preguntas sobre la Biblia

En este libro encontrarás respuesta a las siguientes preguntas:

¿Cómo llegamos a tener definitivamente la Biblia tal cual la poseemos hoy? ¿Es posible que tantos autores no se contradigan entre ellos? ¿Cuántas Biblias hay? ¿Es la Biblia inspirada por Dios? ¿Cuál es su mensaje principal? Y mucho más!

Sanidad para el Alma Herida - Como sanar las heridas del corazón y confrontar los traumas para obtener verdadera libertad espiritual

Este es un libro teórico y práctico sobre sanidad interior. Nuestra enseñanza motiva la búsqueda de la sanidad para las mentes y espíritus de las almas sufridas.

Se tratan temas como: Enfermedades del alma, Mecanismos de defensa, Abuso y violación, Maltrato Infantil, Carencias afectivas Maldiciones El perdón, El Arrepentimiento Y muchos más...

Alabanza y Adoración - Cómo adorar a Dios según la Biblia

En este libro descubrirás las bases bíblicas de la alabanza y la adoración para poder adorar a Dios como Él está buscando que lo hagan.

Podrás encontrar los siguientes temas y muchos más:

* Significados de alabanza y adoración
* Cómo manifestar la alabanza y la adoración
* Por qué adorar al Señor
* Cómo convertirme en un adorador
* El efecto que tiene la adoración en el interior del creyente

Más libros de interés

Promesas de Dios para Cada Día - Promesas de la Biblia para guiarte en tu necesidad

Nuestro Padre es un Dios de Amor y no retiene ningún bien. En Su Palabra encontramos los regalos y bendiciones que nuestro Padre tiene para nosotros.

Harto de Religión - Pero deseoso del Dios vivo

Si tuviera que definir en muy pocas palabras el objetivo que persigue este libro, diría que, con una inocultable nostalgia, Picone pide volver a los tiempos del "primer amor", como reza Apocalipsis, donde quizás había menos luces, menos rayos láser, menos marketing y más simpleza y profundidad en la fe.

Instinto de Conquista

Es un libro motivacional, que desafía la inquietud de cualquier persona que anhele un cambio en su vida y no sabe por dónde comenzar.

Perlas de Sabiduría – Un devocional - 60 días descubriendo verdades en la Palabra de Dios

Una perla que se produce en el mar tiene un valor muy alto. Ha comenzado por ser un diminuto grano de arena para luego convertirse en algo muy bello que muchos buscan y codician.

Gracia para Vivir - Descubre cómo vivir la vida cristiana y ser parte de los planes de Dios

Martin Field, nos comparte en este libro sobre la gracia que proviene de Dios. La misma gracia que trae salvación también nos enseña cómo vivir mientras esperamos la venida de Jesús.

Vida Cristiana Victoriosa - Fortalece tu fe para caminar más cerca de Dios

En este libro descubrirás cómo vivir la vida victoriosa, Cómo ser amigo de Dios y ganarse Su favor, Lo que hace la diferencia, Cómo te ve Dios, Cómo ser un guerrero de Dios, La grandeza de nuestro Dios, La verdadera adoración, Cómo vencer la tentación y Por qué Dios permite el sufrimiento, entre muchos otros temas.

Dios Contigo - Tu Padre quiere hablarte y tiene un mensaje para ti

Varios autores se han reunido para darle forma a este libro, cuya intención es acercarte más al corazón de Dios.

30 días con Dios - Lecturas diarias que te fortalecerán y te acercarán al Padre

Lo que leerás a continuación es un devocional que hemos preparado con algunas de las reflexiones que ya hemos enviado por correo electrónico a miles de personas alrededor del mundo desde al año 2004

Lightning Source UK Ltd.
Milton Keynes UK
UKHW020645290920
370728UK00013B/964